HOW THE MAINSTREAM INFLUENCERS WERE TRAINED

主流网红是如何炼成的

陈伟军　主编

南方日报出版社
NANFANG DAILY PRESS
中国·广州

图书在版编目（CIP）数据

主流网红是如何炼成的 / 陈伟军主编. -- 广州 : 南方日报出版社，2023.1
ISBN 978-7-5491-2663-7

Ⅰ. ①主… Ⅱ. ①陈… Ⅲ. ①网络营销－研究 Ⅳ. ①F713.365.2

中国版本图书馆 CIP 数据核字(2022)第 248220 号

ZHULIU WANGHONG SHI RUHE LIANCHENG DE
主流网红是如何炼成的

主　　编：陈伟军
出版发行：南方日报出版社
地　　址：广州市广州大道中 289 号
出 版 人：周山丹
责任编辑：李　哲
装帧设计：肖晓文
责任技编：王　兰
责任校对：阮昌汉
经　　销：全国新华书店
印　　刷：广东信源文化科技有限公司
开　　本：787mm×1092mm　1/16
印　　张：13.75
字　　数：160 千字
版　　次：2023 年 1 月第 1 版
印　　次：2023 年 1 月第 1 次印刷
定　　价：48.00 元

投稿热线：（020）87360640　读者热线：（020）87363865

目　录

引　言

解析主流网红的炼成密码

人类进入文明社会之后，就一直受到出类拔萃、功成名就的人生目标驱动，名望与利益、地位相关联。随着数字时代的到来，新媒体空间出现了“平民偶像”一夜成名的奇观，激发了无数拥有成名梦想的网民的热情。社交网络上普通人暴得大名比以往任何时候都要容易，一批批的网络红人像雨后春笋般涌现，但很多都是昙花一现。作为一种特殊的社会文化现象，网络成名的推动力到底是什么？是粉丝狂热追捧、网络推手积极运作、资本力量推波助澜，还是网红自身的颜值、才艺、德行和贡献？虚拟世界内的个人品牌如何维护？网红怎样才能持久地发挥正向社会影响力？这些都是饶有意义的话题。

一、名望的传播语境与文化内涵

在古代社会，成名的途径非常有限，时间和空间限制了名誉的延展，帝王将相、宗教神职人员、知识精英居于“荣耀”的顶层。在多数以科举、世袭、军功、荐举这些方式获取官职或社会地位的古代社会，声名、荣誉不一定与个体的贡献相关。豪门望族之外的普通人要取得家喻户晓的知名度，难于登天。

传统社会中平民阶层出人头地的机会渺茫，成名意味着十分漫长的过程和艰苦卓绝的努力。孔子少时“贫且贱”，后来之所以出名，是因为他周游列国，游说诸侯，开办私学，广收门徒，并编订了《诗》《书》《礼》《乐》《易》《春秋》“六经”，创立儒家学派，对后世产生深远影响，被尊为“圣人”和“万世师表”。《左传》中提出：“太上有立德，其次有立功，其次有立言，虽久不废，此之谓不朽。”树立德行、建立功业、创立学说并称“三不朽”，反映了中国古代关于名望的人生价值观。

“三不朽”之一的著书立说，被古人称作“经国之大业，不朽之盛事”。书于竹帛、印刷术和科举考试为读书人“立言”、获取功名提供了通道，但真正能够“藏之名山，传之后人”的著作少之又少。宋代文学家苏轼《和董传留别》一诗这样勉励不得意的书生董传：“粗缯大布裹生涯，腹有诗书气自华。厌伴老儒烹瓠叶，强随举子踏槐花。囊空不办寻春马，眼乱行看择婿车。得意犹堪夸世俗，诏黄新湿字如鸦。”尽管苏轼说“腹有诗书气自华”，但他也知道，穷困潦倒的董传只有金榜题名之后，方能扬眉吐气，获取世俗的夸耀、认可。

寒门士子试图通过参加科举进入官场，改变命运，实际是相当不易的。旷世逸才蒲松龄一生锲而不舍地参加科举考试，却连连落第，年逾七旬时方得以按例补为岁贡生。当亲友为此前来道贺时，蒲松龄感到很难为情，他在题为《蒙朋赐贺》的诗中写道："落拓名场五十秋，不成一事雪盈头。腐儒也得宾朋贺，归对妻孥梦亦羞。"蒲松龄屡试不中、半生忍辱的痛楚，实则是当时寒门士子普遍的遭遇。

探究古代成功学的经典案例，杰出人物大多付出了超乎寻常的艰苦努力。他们克服各种挑战和困难，在信念、意志、学识、业绩等方面出类拔萃，取得世所公认的成就。从真正的卓异之士身上，大抵找不到那种一步登天的"成名术"。"立志欲坚不欲锐，成功在久不在速"，这就是说，树立志向需要"咬定青山不放松"的坚韧，而不在于急切锐进；取得成功依靠"铁杵磨成针"的毅力，而不在于立竿见影的速效。曹雪芹经历由百年望族到家道败落的人生起伏，过着"举家食粥酒常赊"的窘迫生活，他在贫困潦倒中创作《红楼梦》，"字字看来皆是血，十年辛苦不寻常"。这种千辛万苦的过程、椎心泣血的体验，最终化为艺术的神奇。屈原的"夫唯捷径以窘步"，则从另一个侧面说明成名术是不存在的[①]。欲速则不达，想走捷径的人，终究难成大器。

进入20世纪，由于电影、电视和录音技术的发展，传媒"造星"运动强势兴起，受众为之痴迷，商业化的运作模式造就了庞大的明星队伍。在文化产业发展史上，明星是"剧院工业"与文化工业化的标志。电影明星的出现，源于美国好莱坞电影的工业化生产，由此建立的明星制自1915年起便是美国电影工业的支柱[②]。丹尼斯·麦奎尔在分析受众历史、行为表现及其与媒介的关系时指出，电影创造了第一个真正意义上的"大众受众"（Mass Audience），数以百万计的民众通过观影分享相同的、经媒介传播的故事和情感。而电视大众化、生活化的特征更明显，其煽情、虚幻的内容更容易让人沉迷，

① 李成贵：《"成名术"发凡》，《学习月刊》1995年第12期。

② 路易斯·贾内梯：《认识电影》，胡尧之等译，中国电影出版社，1997，第159页。

电视受众也随之具有了盲目、消极和易受感染之名[①]。影视明星的超凡魅力，支撑起了电影票房和电视收视率，推动着文化市场和大众消费发展。

大众传媒和文化产业塑造出形形色色的明星，使名望的文化内涵发生巨大变化。“进步必须征服空间，拆毁一切空间障碍，最终‘通过时间消灭空间’。”[②] 成名受时间、空间的限制减少了，它转换为一种大众现象，影视艺人、娱乐明星、体育明星等成了大众心目中极具感召力的偶像。受众投入注意力，产生心理认同，参与对偶像的文化消费，从偶像身上寻求某种情感依附，产生一些不切实际的幻想，实现日常生活中无法满足的心理诉求。在很大程度上，受众对明星的迷恋是出于情感喜好，影视迷对特定主角发自内心的“爱慕”，是在明星、叙事和观众个体特征三重影响之下产生的，是一种标准的“介入感”[③]。明星的影视实践活动和自我展示行为，迎合了普遍的社会想象、审美期待、人生目标和文化趣味。

随着网络时代的到来，日新月异的媒介技术演进构建了新的舆论环境、时尚潮流和文化生态，名誉经历的文化变革更为广泛和深刻。微信、微博、微视频与手机客户端的广泛使用，建立起数字时代全方位的传播矩阵，形成了不同于传统的信息发布渠道和社会交往模式，出名的时间、空间障碍几乎不存在了。波普艺术的倡导者、美国艺术家安迪·沃霍尔曾大胆预言：“在未来社会，每个人都会成名 15 分钟。”今天看来，沃霍尔的话并非夸张。由于移动互联网和智能手机的普及，一些人通过抖音等短视频应用平台，成名“时间变成了 15 秒”[④]。“用户生产内容”（User Generated Content，UGC）模式释放了网民的潜能，帮助他们实现网络迷因（Internet Meme）的病毒式传播，迅速提升了受众认知度。

技术赋能普通人，每一个网民都可能有成名的机会。人类历史上从未有过一种媒介，像互联网这样能够帮助个体平民迅速蹿红。莎士比亚的经典戏

---

① 丹尼斯·麦奎尔：《受众分析》，刘燕南等译，中国人民大学出版社，2006，第 6—7 页。

② 戴维·哈维：《后现代的状况》，阎嘉译，商务印书馆，2003，第 257 页。

③ 理查德·戴尔：《明星》，严敏译，北京大学出版社，2010，第 27 页。

④ 潘树琼：《短视频重构媒介生态》，《网络传播》2018 年第 4 期。

剧作品《李尔王》中说："成熟就是全部。"而在今天，"即时性才意味着全部"①。网上快速成名的奇迹，契合人们深层的幻想。很多人在网络空间构造幻想并付诸实施，"这种使人产生幻想的驱动力是一种非常人性化的驱动力"②。网络的助推力和放大效应，使得某些网红一夜成名，受到大量粉丝追捧。

通过新媒体平台，一些人基于自身的言行、事件、经历或作为，拥有众多粉丝，受关注度极高，成为炙手可热的流量大V或网络红人。各种不同类型的网红大量涌现，各领风骚若干时。早期的网络写手安妮宝贝、痞子蔡、当年明月、南派三叔，尚有一些文字功底；而以丑为美、另类出位的网络炒作者芙蓉姐姐、凤姐、干露露、木子美，堪称恶俗、奇葩网红的代表；吐槽类原创短视频博主 papi 酱则实现了网红自身的商业价值变现，她被称为"2016 年第一网红"，并得到资本市场认可。2016 年亦被普遍视为"中国网红经济元年"，网红产业化和大众关注度"迎来了大爆发"③。个体火爆的形象被社交媒体放大，网红迎来内容创业的风口期。"在日益严格的网络监管模式下，'网红经济'的创新性和专业化改变将带动整个经济焕发新的光彩。"④ 人们希望网红经济能够健康持久发展。

新媒体的普及使人们的日常生活和文化世界发生了显著变化，成名的门槛被拆除了。"我们有了一种万能媒介"，人人都可以"对全世界发表意见"⑤。网红的出现，便折射了当代社会文化和"成名术"发展的某些新特点，名人的概念被重新界定。谁可以成为名人，网络流量和粉丝起了至关重要的作用。背景各异的网民通过社交媒体在线聚集，这样的粉丝活动便会产生"桥梁资本"。这一社会资本累积越多，成名的机会就越大，"因为桥梁资本允许你进入众多不同的人际网络"⑥。互联网蕴藏的巨大桥梁资本向所有人

---

① 尼古拉斯·卡尔：《数字乌托邦》，姜忠伟译，中信出版社，2018，第 93 页。

② 摩尔：《皇帝的虚衣——因特网文化实情》，王克迪、冯鹏志译，河北大学出版社，1998，第 71—72 页。

③ 周飞亚、袁国宝、李勇：《"网红"为什么这样红——关于网红文化的讨论》，《人民日报》2016 年 8 月 18 日第 24 版。

④ 黄皖新：《自媒体时代下网红经济的盈利模式分析》，《商展经济》2022 年第 11 期。

⑤ 丹·吉摩尔：《草根媒体》，陈建勋译，南京大学出版社，2010，第 10 页。

⑥ 伊莱·帕里泽：《过滤泡：互联网对我们的隐秘操纵》，方师师、杨媛译，中国人民大学出版社，2020，第 14 页。

敞开，数字技术重塑了文化生态和成名路径。

时尚潮流涌动不息，全新的文化力量助推“草根明星”冉冉升起。有人可能会莫名其妙地被推向人气的巅峰，但这也需要坚持不懈地投入方能维持其人气①。网络空间激活人们的想象，唤起超越性的需求，帮助实现多元身份的动态构建：自我被不断否定，不断取而代之的是那些从各种流行文化中随处收集起来的理想的“第二自我”（Alter Ego）②。每个网民都渴望展示自己，新媒体用户生产的内容呈指数级增长，海量碎片化信息向人们涌来。科技使工作和生活的节奏不断加速，我们的时间感、空间感以及对事物的感知和评价方式亦因此改变。

作为一种“社会操作系统”的新媒体平台，其“连接一切”的普遍应用，穿透了传统的成名和发展的壁垒。在分享、交互、点赞、打赏的数字技术和文化生态中，大学生、小店主、农民、公司白领和机关干部都有可能因为某个契机成为“平民偶像”，有的网红影响力甚至远超传统的歌星、影视明星，如视频创作者李子柒、藏族小伙丁真掀起的粉丝关注热潮，俨然成为一种文化现象。网红崭新的符号特征和身份形式，也承载了普通网民通过社交媒体一举成名的憧憬。网红的示范效应，对人们的认知方式和价值取向会产生一些影响。几年前，北京多所小学抽样调查结果显示，有八成的小学生希望长大后成为一名网红③。在新媒体环境中成长起来的“网生代”，是地道的“数字原住民”，他们对网红更易产生认同。

网红拥有较高的社会知名度，新媒体的传播效应使他们声名鹊起。研究表明，首批社交网站出现的最初灵感和动机实际上就是为了促进他人的成名。Friendster 和 MySpace（全球知名社交网站）也都是作为“成名平台”而起家的。在互联网上，对名誉的疯狂热衷是无国界的。无数事实告诉我们：名誉的本质正在发生改变。网络名人对我们来说是著名的，然而他们与大众媒体中产生的名流是不一样的，因为后者的名誉是基于“陌生化效应”的。影视

① 罗伯特·金奇尔、马尼·佩伊万：《订阅：数字时代的商业变现路径》，关嘉伟译，中信出版社，2018，第 157 页。

② 肖恩·库比特：《数字美学》，赵文书、王玉括译，商务印书馆，2007，第 39 页。

③ 温倩茵、谢智菲：《易获认同　小学生梦想当网红》，《信息时报》2021 年 3 月 7 日 B1 版。

作品、传媒报道赋予明星耀眼的光环，在受众中产生一种“陌生化的效果”[①]。而网络拉近了人们之间的距离，它是去神圣化、去中心化的，导致网民的身份认同日益多元化，社会地位逐渐民主化，文化权力愈发分散化。草根文化在网络上找到了重要的展示性窗口，各种另类的内容生产、话语表达和形象展示获得了更高的能见度（Visibility），并超越局部公众（Localized Publics），进入更大的传播范围[②]。特别是社交媒体的参与性、展示性和互动性，为网民大幅拓展了成名的捷径，全方位延伸了自我展示的形式和平台。

二、网红的奇观效应与内在张力

网红是一个具有象征意义的形象符号，从诸多方面折射了时代风尚特征。“网红”这一词语，近年来热度不减，它不只是局限于指代网络红人，还被赋予了形容词的词性，诸如网红奶茶、网红店铺、网红景点、网红城市等概念，其语义内涵变得更丰富，指涉的范围更大，使用频率更高。

数字文化进入生活的各个方面，人们的注意力难以持续集中，总是在寻找新的兴奋点和视听刺激。如格兰特·麦克拉肯所说，我们的文化似乎开始失去焦点，转而向四面八方发展。文化开始变得分散化，出现了更多的概念、更多持续制造概念的人、更多的生活方式、更多的不同观点，不再有真正的中心[③]。数字社会的文化活动变得更复杂、更多元，娱乐内容极大地超过了信息供应，“信息娱乐化”呈现泛滥之势[④]。网民淹没在无序的泛娱乐信息流之中，各种话题、人物和事件也许能成为短暂热点，但很多都是转瞬即逝。

跟传统媒体时代的体育明星、影视明星和歌星不同，很多网红一开始并没有自己的形象设计师和经纪人，他们未必经受过专业训练，不一定展示出卓越的才能禀赋和很高的道德修养，只是因为偶然的契机走红，如某个特殊的事件、经历或个体言行。如“流浪大师”“犀利哥”等前些年“意外走

---

① 马修·弗雷泽、苏米特拉·杜塔：《社交网络改变世界》，谈冠华、郭小花译，中国人民大学出版社，2013，第146、148、151页。

② 陶东风主编《粉丝文化读本》，北京大学出版社，2009，第108页。

③ 格兰特·麦克拉肯：《不懂流行文化就不要谈创新》，贾晓涛译，南海出版公司，2012，第56页。

④ Bob Franklin, *Newszak and News Media* (London: Arnold, 1997), p. 4.

红”的网红，经过了一段时间后就归于沉寂。

新媒体平台消除了长时间稳定的文化中心和注意力焦点，却时刻制造出变幻不定、令人目眩神迷的奇观场景和热点话题。正如丹尼尔·贝尔曾经描述的：“在文化领域，人们对奇思怪想却毫不节制。传播媒介的任务就是要为大众提供新的形象，颠覆老的习俗，大肆宣扬畸变和离奇行为，以促使别人群起模仿。”[①] 在泛娱乐化的数字内容生产中，网络文化不可避免地出现平庸化的趋势。网红现象折射着社会的文化生态和利益关系，多元化的欲望诉求、价值观念与新媒体的信息表达融为一体，构成了一个时代和社会价值演变的晴雨表。

作为数字时代一种富有参与式文化特色的热闹景观，各类网红吸引了无数粉丝的关注，他们依托新媒体找到了广阔的舞台，获取名利的方式似乎比很多行业要轻松。各式各样的红人在赛博空间中被生产、推送出来，他们成为数字化生存的偶像式符号。网络社交媒体为普通人提供了新的角色展演舞台，其中既有成名的机会，也可能布满陷阱。喧嚣、混沌的数字文化环境，容易让网民陷入矛盾和迷惘之中，导致选择的困惑。

当今时代，社会生活越来越世俗化，各种思潮纷纭激荡，人们的思想观念和价值取向趋于多元，正面舆论和负面声音交织，主流意识形态和非主流价值观共存。网红自我构建的实践活动，必然体现出特定的价值取向。习近平总书记指出：“思想舆论领域大致有红色、黑色、灰色‘三个地带’。红色地带是我们的主阵地，一定要守住；黑色地带主要是负面的东西，要敢于亮剑，大大压缩其地盘；灰色地带要大张旗鼓争取，使其转化为红色地带。”[②] “三个地带”的科学概括，对我们分析网红的价值立场具有重要的认识论和方法论意义。任何事物都可以分为好中坏、上中下、左中右，基于三分法、三元论的视角，我们可以将网红分为正面、负面和中间三种类型。

第一种类型——正面网红，处于红色地带，积极传递社会文明正能量。正面网红的划分，主要取决于其正面的价值立场和社会效应，凡是践行社会

① 丹尼尔·贝尔：《资本主义文化矛盾》，赵一凡等译，生活·读书·新知三联书店，1989，第 36 页。

② 习近平：《坚持和巩固党对意识形态工作的领导》，《习近平谈治国理政》第二卷，外文出版社，2017，第 328 页。

主义核心价值观、产生正面口碑的网红都值得肯定。主流网红属于正面网红的类型，他们不仅适应新媒体传播规律，还成功树立起阳光形象，充满活力和干劲，是促进网民振奋向上的关键意见领袖（Key Opinion Leader）。

何谓主流网红？根据国内主流媒体打造网红名记者的实践以及政务机构微博、微信和客户端等“出圈”的探索，结合新闻传播学研究者的相关探讨，本书认为，主流网红不同于一般的名人和意见领袖，他们依托主流媒体或各级党政机关、企事业单位的新媒体矩阵以及个人的自媒体账号等渠道，通过个人魅力展示和专业化的内容生产而走红网络，受到大量粉丝关注，舆论引导成效显著。主流网红将社会责任放在首位，不断提升传播力、引导力、影响力、公信力，在媒体深度融合发展的潮流中通过创新创意方式弘扬正能量、唱响主旋律，用强烈的社会责任感和使命感推动互联网场域清流涌动。

随着实践的发展，主流网红不只局限于主流媒体打造的网红名记者，一些政务机构微博、微信和客户端等纷纷“出圈”，如共青团中央微博和微信公众号等政务新媒体以及网络人气很高的先进典型，都成了主流网红的重要力量。

第二种类型——负面网红，处于黑色地带，其劣迹包括涉黄涉暴严重违法违规、造谣传谣煽动大众对立情绪、释放负能量、违背社会公序良俗、造成恶劣影响等。当今的网红群体存在很大差异，一些网红哗众取宠、追新逐异的任性姿态，以及对新景观、新感觉的迷恋，迎合了网民对多元化、差异化生活方式的普遍好奇心理。网络环境鱼龙混杂，一些网红通过自己的努力在虚拟空间获得崇拜者，他们在众多粉丝的点赞、打赏或其他追捧言行中，很容易产生虚妄的个人膨胀感，导致自我迷失，出现疏离社会主流价值的不当言行，如迎合低级趣味、散布虚假信息制造轰动效应。还有些人为了吸引粉丝、提升流量，用令人不齿的方式“博出位”，无视公序良俗，挑战道德伦理底线。网红“野蛮生长”，近年屡屡出现违法违规或失德、丑闻事件，如吴亦凡、郑爽、张哲瀚等超级网红的“人设”（人物设定）崩塌，正说明畸形的“饭圈”（粉丝圈）文化需要整治和引导。

在一定程度上，某些混乱的社交媒体演变成了各色人等追名逐利的平台。有的社交媒体平台在资本力量的操控下，为争夺眼球，提升“吸金”能力，推动网红注意力价值变现，有意无意地纵容、培植不择手段的网红，各个不同阶层的人物游走其中，他们怀着各自不同的目的，少数人陷入违法失德的泥沼。有的网红原本塑造了自身的正面形象，如果他们不严以律己、不承担与其声誉和收益相匹配的责任和义务，也可能反转为负面类型。2021 年 12 月，头部网络主播薇娅因偷逃税被税务部门处罚共计 13.41 亿元，媒体深入反思“高收入群体如何进行财税管理”[①]。中央纪委国家监委网站刊文指出：“直播行业发展迅猛、社会影响力大，更需要头部主播带头守法，需要各方面共同维护好人民信任的网络直播空间。”[②] 作为红极一时的“带货一姐”，薇娅曾被授予“抗击新冠肺炎疫情全国三八红旗手”“中国农民丰收节推广大使”“乡村振兴好物推荐官”等称号。因偷逃税受到处罚后，薇娅的形象受到极大影响，其在淘宝、抖音、微博等多个平台的账号被封。

瓦尔特·本雅明说：“荷马的时代，人们向奥林匹亚山的诸神献上表演；而今天人们为了自己而表演，自己已变得很疏离陌生，陌生到可以经历自身的毁灭，竟以自身的毁灭作为一等的美感享乐。”[③] 在喧嚣浮躁的社交媒体平台上，低俗内容、怪诞大 V 和劣迹网红泛滥，势必严重败坏社会风气，恶化新媒体文化生态。低级的、粗俗的、未经提炼的文化，需要一些方向性的和指导性的监管，从而得到提高和升华[④]。将群体认同与社会规则相结合，网红才能守正创新、行稳致远。

第三种类型——中间网红，处于灰色地带，呈现无益亦无害的中性特征，在价值取向上有一定的模糊性，经常出现“打擦边球”的现象，如卖弄噱头、投机钻营、制造炒作话题等。这类网红在观念渗透上具有较强的渗透性，监管难度大，常常超出传统的政治、法律和道德伦理关注范围。辩证地看，中间网红有“灰色”的一面，但他们也可能蕴含某些“亮色”，有向红色地带靠近、转化的潜质；如果放任自流、疏于规范，他们就很可能发生质变，

---

① 朱英子：《薇娅用过的“核定征收”遭严监管　高收入群体如何进行财税管理?》，《21 世纪经济报道》2022 年 1 月 13 日第 8 版。

② 薛鹏：《直播不是法外之地》，https://www.ccdi.gov.cn/toutiaon/202112/t20211221_159790.html，访问日期：2022 年 1 月 21 日。

③ 瓦尔特·本雅明：《迎向灵光消逝的年代》，许绮玲、林志明译，广西师范大学出版社，2008，第 103 页。

④ 迈克·费瑟斯通：《消费文化与后现代主义》，刘精明译，译林出版社，2000，第 186 页。

滑入黑色地带。以烹制“心灵鸡汤”著称的内容创业者咪蒙，后面被全网封禁，便是缘于其“热衷精神传销，操纵大众情绪”，传播污文化、丧文化。

某些低俗、负面网红的存在，并不意味着网红群体一无是处、乏善可陈，我们需要客观地分析不同网红行为的社会情境和深层动因。网红依靠个人魅力吸引足够多的粉丝聚集，由此具有了特殊的商业价值。对资本而言，网红背后的粉丝团体和流量是值得发掘的商业金矿。资本对网络文化市场利润的追逐，在一定程度上激发了在线经济的潜力与活力，促进了直播带货、粉丝消费等形式的网红经济发展，带旺了互联网营销师、直播销售员等新职业。据统计，我国互联网营销从业人员已超 1000 万人，相关机构增长迅速①。网红经济蕴藏着互联网业态变革的新动能，也是数字经济社会发展的新亮点。网红品牌 IP（Intellectual Property）营销、全产业链运营，衍生出一种全新的电商产业模式，庞大的粉丝消费机器被带动。孵化网红的 MCN（Multi - Channel Network，多频道网络）机构在资本力量的支持下迅速壮大，形成“IP 孵化 + 内容运营 + 电子商务 + 品牌研发”的网红培育路径，这与娱乐公司培养偶像明星的运作方式相类似。

网红由最初的业余化、零星化走向如今的专业化、规模化的态势，其价值变现思路转换为“先人红，再货红”的逻辑。网红提升其人气的努力和追逐经济利益的热望，与商业资本运作交织在一起。马克思明确指出，“人们为之奋斗的一切，都同他们的利益有关”②。网红及其背后的机构对于利益的追逐，既给互联网经济带来巨大活力，但也包含着极强的投机性。这种投机性体现在网红希望短时间内形成注意力焦点、诱发粉丝消费需求，流量变现利益链促使网红动用各种手段追求资本增值。一些网红在直播带货中对产品过度营销、夸大宣传，出现刷单注水、业务数据造假等乱象以及偷逃税款等违法行为。“饭圈”中偶像的忠实追随者盲目跟风，导致“饭圈”文化迅速扩张，形成“势力化”和“利益化”的显著特征③。粉丝的情感异化和非理性沉迷，为网红经济过度的投机性提供了空间，形成了一条灰色的产业链。

---

① 邹翔：《校准网红经济的价值航标》，《人民日报》2022 年 4 月 1 日第 5 版。

② 马克思：《第六届莱茵省议会的辩论（第一篇论文）》，载《马克思恩格斯全集》第 1 卷，人民出版社，1995，第 187 页。

③ 张颐武：《“饭圈文化”反思》，《中国文艺评论》2021 年第 10 期。

网红在发展过程中遭遇了一些“成长的烦恼”，需要我们理性地看待这一现象，积极地引导网络文化，让那些“能够在众声喧哗中传播主流价值观、道德观，发出具有影响力的真声音、好声音，体现强烈的社会责任感和使命感”[①] 的主流网红真正红起来。主流网红不只是吸引大量粉丝关注，他们还会清醒地认识到成名后的角色功能，通过新媒体平台传播真善美的内容。

三、主流网红的守正创新与价值引领

互联网已经成为舆论引导和文化建设的主战场，凝聚各方面的精神力量，才能持续推动社会进步。人们“期待社交媒体能少一些庸俗、低俗、媚俗的所谓网红，多一些能传递正向力量的实力网红，给我们的时代、我们的社会注入更多积极向上、阳光灿烂的力量”[②]。各类网红不断涌现，需要从社交媒体平台、传播内容、传播价值和社会效应等方面进行评估，完善相关的规则、制度和评价标准，构建弘扬主旋律的网红矩阵。

网红是有着特殊行为方式的一群人，其自我展演和形象呈现具备亚文化的一些特征，属于某个群体的数字生活与文化参与形式。然而，亚文化作为一种特殊的精神风貌和气质，它与主流文化并非界限分明的，而是“相互重叠”的[③]。亚文化反映了社会生活风尚的多样性，其中也包含着与主流文化相通的价值观念。打造主流网红，就是要在新媒体场域追求价值共识，以最大公约数画出最大同心圆，努力使网络空间建构为主流文化共同体和主流价值共同体。如英国学者查尔斯·兰德里所说，“强盛的文化应该创造积极正面的形象，文化与高品质的生活联系在一起”[④]。我们建设高度的精神文明，营造清朗的网络空间，就是要提升人民群众的精神文化生活格调，在涤荡心灵、完善生命的层面不断实现人民对美好生活的向往。

---

① 张洁：《从@共青团中央看“主流网红”的发展路径》，《传媒》2018 年第 2 期。

② 杜鑫：《让更多阳光网红引领时代风尚》，《工人日报》2019 年 8 月 9 日第 3 版。

③ 安迪·班尼特、基斯·哈恩－哈里斯编《亚文化之后：对于当代青年文化的批判研究》，中国青年政治学院青年文化译介小组译，中国青年出版社，2012，第 199 页。

④ 查尔斯·兰德里：《作为创意城市的伦敦》，载约翰·哈特利《创意产业读本》，曹书乐、包建女、李慧译，清华大学出版社，2007，第 198 页。

针对新媒体受众的社会文化心理，培育、壮大主流网红队伍势在必行。“打造主流网红不是‘要不要’的问题，而是应如何做好并尽快占领这块阵地的问题。我们应该为网红正名，网红不是作秀者的‘专利’。”① 打造主流媒体坚持守正创新，加快融合转型，打造主流网红是顺理成章的事情。抓住数字化发展大潮，主流媒体“要以‘大象也要学会跳街舞’的精神风貌，迎接数字化、拥抱数字化”②。打造主流网红便是为“大象”注入“跳街舞”的基因，有助于深化媒体内部体制机制改革，完善人才激励机制，激发人的创造力和潜能，促进人才的个性化成长。

2016 年 10 月，南方报业传媒集团在全国媒体中率先倡导、打造主流网红，启动“南方名记培育工程”。为提高主流媒体的话语权和影响力，南方报业传媒集团提出，“在新媒体时代名记们既要做‘纸红’，更要做‘网红’，要按照有‘颜值’、有素质、有气质，腹有诗书、心有用户、肩有担当的标准，将名记者打造成有别于一般‘网红’的‘主流网红’”。南方报业传媒集团的探索实践，得到了时任广东省委常委、宣传部部长慎海雄的充分肯定③。从传媒变革的角度来看，主流网红并未改变媒体人的本质属性和职责使命，但对其专业水准和工作方式有了更高的要求。他们要勇立数字革命的潮头，练就全媒体“十八般武艺”，同时有各自的特长和相对精通的领域。主流网红可以根据内容产品的生产规律灵活组建工作室，打破部门界限，必要时还可“点将”或几个工作室联动形成合力，实现多维度空间、多模态文本的立体传播④。主流媒体把有特长、有潜力的年轻人推向互联网主阵地，努力将主流网红培育成全媒体转型“排头兵”，为舆论引导和优质内容生产提供了有力保障。

媒体融合向纵深发展，打造新型主流媒体离不开素质过硬的全媒化集团军，培养全媒体复合型人才的任务被摆在突出位置。2017 年 1 月 5 日，时任

---

① 李帅、范以锦：《打造主流网红，强化新型媒体平台影响力》，《新闻战线》2017 年第 5 期。

② 慎海雄：《大象也要学会跳街舞——迎接数字化、拥抱数字化》，《中国广播》2019 年第 1 期。

③ 《中国记者》记者：《南方报业：打造“主流网红”的那些人和事——深入学习贯彻 2·19 讲话精神，南方报业传媒集团专题座谈会侧记》，《中国记者》2017 年第 3 期。

④ 曹斯：《“主流网红”更要守住初心》，《青年记者》2017 年第 19 期。

中共中央政治局委员、中央书记处书记、中宣部部长的刘奇葆在推进媒体深度融合工作座谈会上指出："要打通传统媒体和新媒体人才使用通道，推动名记者、名编辑、名评论员、名主持人到新媒体平台上去施展拳脚，开办原创栏目，培育品牌公号，成为传播正能量的'网红'。"[①] 2020 年 11 月，国家广播电视总局发布的《关于加快推进广播电视媒体深度融合发展的意见》提出：实行灵活运行机制，赋予必要的人财物使用支配等自主权，打造自有优质网生内容、网红队伍和社交圈，形成个性化品牌集群[②]。媒体网红不是传统意义上的新闻工作者，也不同于一般意义上的明星，他们肩负着巩固网络文化阵地、打造专业媒体的"自媒体"品牌、壮大主流舆论的重任。

主流网红积极抢占舆论高地，是网络娱乐狂欢态势下的一股清流。发挥价值引领示范效应，主流媒体网红在内容表达创新、强化平台影响力等方面迈出了坚实的步伐。如新华社培养了一批熟谙新媒体传播规律的骨干队伍，有意识地打造自有网红：一方面推出一系列适应移动互联网语境的网红级新媒体产品，包括动漫 MV（Music Video）报道、原创微电影、网络直播、短视频等，赢得了网民喜爱；另一方面更加重视记者在镜头前的形象，"像网红一样转变说话方式"，表达口语化、自然化，大大增强了亲和力[③]。新闻工作者以用户体验为突破口，通过创意赢得受众，在全媒体转型中凸显主流网红的影响力。

主流媒体解放思想、转变观念、创新运作机制，将传统的名记者战略向主流网红战略延伸，提升了媒体工作者的个人品牌价值，有助于他们利用个人魅力设置议题、形成传播热点。如新华社成立的"张扬工作室"，"立足国社、瞄准青年、清新表达、拓展流量"，凭借其主持人超高的颜值、多样的形式、活泼的内容，打破体制壁垒"破圈"而出，"已经初步塑造出'国社

---

① 刘奇葆：《推进媒体深度融合　打造新型主流媒体》，《人民日报》2017 年 1 月 11 日第 6 版。

② 国家广播电视总局：《关于加快推进广播电视媒体深度融合发展的意见》，http://www.nrta.gov.cn/art/2020/11/26/art_113_53991.html，访问日期：2022 年 1 月 23 日。

③ 徐晓惠、周继坚：《新华社：适应传播新语境　打造主流"网红"》，《传媒评论》2017 年第 3 期。

新闻小姐姐’的 IP 人设形象”[1]。视频产品如何找到“精彩故事”？新华社网红记者张扬说，诀窍就是思维观念上的突破与创新，“在拍摄过程中，我们会有意识地‘去记者化’，我不仅仅是一个好奇的提问者，更是事件的参与者、整体叙事的一部分，要忘记镜头的存在，和新闻人物共同完成这个故事”[2]。这些主流网红制作的内容产品，让受众能从中感受到清新、温暖和力量。

把握互联网语态和属性，主流网红为媒体提供了新的“名片”。他们灵活运用“名人传播”规律，发掘个体的潜能，将个人品牌和媒体品牌有机整合起来，诠释了自媒体的个性化和专业化价值。如中央广播电视总台的记者、主持人积极探寻与年轻网民的共鸣点，“央视 Boys”（康辉、撒贝宁、朱广权、尼格买提）、“央视 Girls”（郭若天、刘颢玥、罗平章、孙雨朦、孙雨彤、伊拉娜）在新媒体上“圈粉”无数，热度不输流量明星。主流媒体权威、专业的“金字招牌”，让网红记者和主持人的正能量成为大流量。

随着网红这一概念被人们高频率使用，其符号意义也在发生变化，具有了开放性的特征，这便是网红泛化的现象。不只是一些媒体工作者进入网红行列，越来越多的科学大师、道德楷模、行业先进和党员干部成为网红人物。如“共和国勋章”获得者袁隆平、钟南山，被称为“布鞋院士”的李小文，“七一勋章”获得者张桂梅，“世界上跑得最快的黄种人”苏炳添，被称为“摘星星的妈妈”的神舟十三号航天员王亚平，在雪地中飒爽策马的“网红局长”贺娇龙，四川甘孜藏族自治州文旅局“网红局长”刘洪……众多的正能量人物全网爆红，契合了时代特征和网民心理，同时壮大了主流网红的队伍。

社会普遍景仰的人物在新媒体平台上成为公众感兴趣、关注度高的主流网红，是当下网络文化传播值得关注的一个重要特征。网民对这些偶像的追捧，在认知、态度和价值观层面，具有更多的理性色彩，娱乐化、消费化的取向减弱了。传统媒体、新媒体和网民共同塑造的主流网红，是正能量的传

---

① 刘畅：《当“主播”被重新定义，主流媒体如何打造自己的“网红”》，《中国记者》2021 年第 10 期。

② 王若辰：《星辰大漠的见证　新华社张扬工作室如何成为“爆款制造机”》，《新华每日电讯》2022 年 5 月 25 日第 4 版。

播者、社会主义核心价值观的“传导体”、共同精神家园的自觉维护者，为网民树立起阳光向上的精神标杆，发挥教育人、引导人、带动人的作用。

网红数量庞大，是社交媒体平台上高度活跃的群体。互联网空间每天都会涌现无数新人新事，每天都会有海量信息归于沉寂。从文化建设的角度来看，“网络并不只是简单的个体集合，而是围绕共同的目标和价值观形成的事业”①。网红发展过程中沉淀的经验表明，不要迷信一时的喧嚣，一炮而红的“顶流”未必能够长久，急功近利、盲从潮流、违背主流价值观、没底线又无节操的网红必定会被淘汰。主流网红才能经得起大浪淘沙的考验，最终赢得优势、赢得未来，真正成为精神文化创造活动的重要参与者和清朗网络空间的守护者。主流网红价值引领功能的发挥，有赖于以下几方面的能力：

一是舆论引导力。主流网红不同于那些“你方唱罢我登场”的匆匆过客，他们政治站位高，大局意识和专业能力强，热爱事业、求实进取，在新时代走向新辉煌的实践中敢于担当、主动作为，彰显有益于社会的正面舆论。在泥沙俱下的多维数字信息空间，主流网红的舆论引领力体现在树立榜样形象、主动设置话题、体现鲜明立场、积极释疑解惑、凝聚社会共识等方面，积极发挥其激浊扬清、倡导理性的作用。

二是用户服务力。网络发展凝聚了无数人的智慧，亿万网民从中寻找精神家园。主流网红能够连民心、接地气，积极广泛地触达用户、服务用户，主动回应网民关切，以真诚、才干和创意吸引用户关注，形成共情效应。主流网红不仅为用户树立典范，还要为大多数人的利益服务，加强多向互动，创造新的用户需求，而不是作秀吸引眼球。

三是内容创新力。主流网红与时代的发展同步，具备行业或专业上的“硬核”能力，通过个性化内容产品和话语表达创新树立美好形象。主流网红优质原创的内容生产，以思想、温度和品质取胜，着力打造意蕴丰富的爆款产品，摒弃那些“辣眼睛”的拙劣玩法，通过蕴含主流价值观的优质作品赢得口碑与信任，延长生命周期。

四是平台传播力。多元传播平台赋能主流网红，使他们出彩“出圈”、

---

① 亨利·詹金斯、伊藤瑞子、丹娜·博伊德：《参与的胜利：网络时代的参与文化》，高芳芳译，浙江大学出版社，2017，第 29 页。

走向全网。主流网红不只是形象好、做得好，还能够说得好，特别是适应年轻网民群体的心理特征，用灵活的方式拉近距离，激发共振点、共鸣点。主流网红善用微动漫、短视频、网络直播等多模态文本，消除传播障碍，将引导舆论的好声音广泛传播，提升点击率和辐射能力。

五是团队协调力。新媒体生态不断演化，主流网红要获得持续关注，除了自身的核心素养、关键能力和必备品格之外，还需要汇聚众人之智，发挥团队力量，融入数字文化大潮。复杂的网络环境要求内容生产者进行团队组建、合作共事，通过群体分工完成不同的任务。

解析主流网红的炼成密码，就是要探讨网红如何坚持以社会主义核心价值观为引领，传承优秀理念，把握好时代风向，肩负起责任与担当，将社会效益放在首位，同时遵循新媒体发展规律，提高数字内容档次与传播技巧，在话语交流、心灵沟通、利益共享等层面凝聚主流价值共识，激发网民积极进取的精神力量。

本书对当下的网红生态和网络造星效应进行理性反思，追踪网红的发展历程、社会影响与发展走向，多维度解析主流网红的炼成密码，力图从价值定位、专业水准、规范管理、传播技巧、团队协作和示范效应等方面探讨网红文化良性发展的内在规律。

第一章
新媒体发展与网红变迁

第一节　技术演进与网众造星运动

第二节　网红的生成逻辑

网红作为生发于互联网场域的产物，天然地带有媒介技术变革和发展的印记。在网红的变迁史中，载体、形式、运营及变现方式都发生了极大的变化，网红形式更多元，垂直类产品更细分，竞争更激烈，一些乱象随之产生。主流网红在众声喧哗中传播主流价值观、道德观，弘扬主旋律，传播正能量，发挥网红界中先锋引领的榜样作用。

第一节　技术演进与网众造星运动

伴随着网络技术的更新换代，网红在不同时期呈现出不同的发展方式，其发展变迁史大致可以分为以下四个阶段。

一、互联网发展初期的文字网红

1994 年，一条 64 K 的国际专线接入中国，正式开启了中国互联网时代；1995 年，中国第一家互联网服务供应商创立，普通百姓开始接入互联网络；1998 年，西祠胡同综合社区网站的创办，标志着中国 BBS（Bulletin Board System，电子布告栏系统）时代的到来，同时也显示着文字网红时代的到来[①]。在此阶段，受限于第一代网络媒介有限的传输速度，网红 1.0 时代吸引汇聚粉丝的手段便只能借助于文字，此类（网红）群体被称作网络写手。他们通过网络连载的方式，实时更新文学小说，初次尝试摆脱对传统纸媒的依赖。风度多彩的写作内容、通俗易懂的语言风格、自由多样的现实题材，让网络写手们迅速占领了网络领域。

该时期的代表人物有唐家三少、痞子蔡、安妮宝贝。后来以《盗墓笔记》系列出名、在青少年群体中深受欢迎的南派三叔，仍可视为文字网红。他们的作品中包含极强的叛逆情愫，以强大且有条理的故事线和性格鲜明的

① 孙博逊、初明利：《“网红”的发展脉络及其对青少年的榜样效应》，《中国青年研究》2016 年第 11 期。

主角作为武器，对传统文学创作理念和生产模式发起攻击。从功利目的角度分析，此时网络写手在互联网上发表作品，绝大多数不刻意追求功利，收取浏览费用也只是用于文学网站的日常升级维护和文字论坛的维护，更多是为了宣泄自身或愤懑、或抑郁的情感。这时尚未有明确的网红和粉丝的概念，读者的情感凝聚于作品本身，而非创作者本人。未使用真实身份面向大众的写手们，虽并未形成稳固的粉丝团体，但也凭借出色的作品吸引了大批读者追随，在当时的网络平台上产生了巨大的影响力。

“这一阶段的网红，简单、质朴、平民化、不浮华、不鼓噪、不虚张，契合那样的时代情调、叙述话语和文字需求，应和普通人的悦纳心理，自在寻常和闲暇娱乐，有其成长和演播的空间和范式。”① 从时代性来看，由于此时社会发展尚未成熟，相关部门和民间个人对网络作品专利化重要性的认识尚且不足，这就导致多数作家的心血被盗用、被挥霍。同时，互联网仅支持文字传输的能力也在很大程度上限制了网红的发展与前进。

二、博客催生图文网红的平民秀

当博客成为网民沟通平台的新起之秀，再加之数字化媒体的发展应用，2003 年至 2009 年，网络中的信息便不再受限于白纸黑字，色彩鲜明的图片和各有特色的表情包成为主力，就如同一片漆黑的网络世界被霓虹灯光所照亮。网友可通过博客这一网络日志分享日常生活、发表个人观点，同时也可以通过阅读他人观点、发评论、跟帖等方式参与互动。与早期网络写手类的网红不同，这一时期新晋网红则是采取传播图像信息和文字信息结合的方式走红，其呈现出的图文内容，可在一夜之间广为传播。据此，网络上第一次有了“网络红人”这一新词。

对于图文时代的网红，大抵可分为两类：一类是凭借某种特质或事件受到网民关注而迅速走红的人，比如“奶茶妹妹”因手持一杯奶茶的清纯照片走红网络，“犀利哥”因身着乞丐服而眼神犀利、神态孤傲引发热议等。另一类则是为了迎合人们某种需求并带有商业性质的网红。此类网红，一般拥

---

① 敖成兵：《多元时代共生衍创背景下的“网红”现象解读》，《中国青年研究》2016 年第 11 期。

有较高的颜值和出色的外表，利用各类平台或者各种方法进行圈粉，其背后往往有专业的销售团队或是公司进行营销支撑。

文字网红 1.0 时代的网络写手单纯依靠文字纾解郁气，那么图文网红 2.0 时代，网红追求走红的目的性变得更加强烈，身份也不再仅限于草根，在传播途径和人员构成上实现了量与质的跨越。这一时期的网红实际上是现实生活中经济关系多元化和利益关系多极化的直接产物，其本质可以说是精彩不断的平民秀①。随着量化的点击率不断上升，第二阶段的网红也逐渐在网络上站稳脚跟，并且努力打破虚拟网络的界限，尝试实现线下的流量变现。

三、微博和播客孕育的职业化网红

2008 年，国内开始普及移动通信 3G 技术，网络传输实现了视频内容传播的质的飞跃。2009 年，作为综合性网络交流平台的新浪微博正式上线，这也标志着网红发展阶段进入一个新的阶段。一方面，网络带宽和传输速率的支持使得网红的表现形式在技术上实现突破，而后的 3G 到 4G 的发展，使网络畅通的流量传输缩短了内容传送和信息接收之间的时间延迟；另一方面，随着网民整体网络素养的提升，受众对网红的要求提升到新的层面，昔日靠博取眼球出位的图文已不符合受众心中的期待，正向的文化基调和正确的价值导向成为在网络世界突出重围的关键秘诀。

在大环境整体趋势的转变之下，第三阶段的网红不仅保持着草根成名的特点，而且一些歌手、演员等拥有一定粉丝基础的名人也纷纷加入网红的队伍。在微博平台中，名人与普通人共存，阶层界限逐渐模糊甚至消失，任何人均可在此平台中进行信息的交换。此时，网络大 V 的兴起便是最有力的证明，如大胃王密子君通过录制自己一顿饭吃八桶泡面的视频走红网络，冯提莫依靠动听的嗓音走红，小智则凭借无厘头搞笑游戏解说广受欢迎。

此时的受众突破单方面接收信息的界限，可以随时随地将自己的原创内容通过互联网平台分享给其他人，转型升级成为主动的网络用户。由此，催生出一大批通过 UGC（User Generated Content，用户生产内容）走红的“播客网红”，进入播客网红 3.0 时代。相比于前两代网红，这一时期的网红朝着

---

① 赵华：《对“网络红人”形成原因的伦理反思》，《道德与文明》2007 年第 5 期。

职业化和产业化的方向不断发展，有专门的 MCN 机构进行孵化运作。MCN 机构与网红进行合作签约，为其提供资本支持和内容支撑，以确保可以实现流量的持续变现。此外，这一时期的网红还具备了类似于明星的特征，聚集了自己圈层的粉丝，和粉丝之间的互动也不局限于单纯的线上聊天，逐步向线下转移，充满着人情味。克莱·舍基提出的“湿世界”理论，认为由于社会性软件，人与人之间充满了人情味，变得黏性、湿乎乎的存在①。

从总体来看，2010 年开始，社交媒体的出现与发展为网红的发展注入一剂强心针，不仅使得网红涌现速度快、数量多，而且还具有一定的群体圈层性。同时网红与商业之间的互相扶持，更像是一种“联姻”，网红经济快速繁荣。由此也带来一定的负面效应，即网红对经济利益的追逐性更强，市场竞争秩序更加复杂乃至失序。

四、视频直播热潮与网红经济火爆

（一）视频直播助力网红经济玩出新花样

2016 年被称为“网红元年”，网红生成的产业化和网红的社会关注度都迎来了大爆发。在这一年的 3 月，因在网上发布短视频而走红的 papi 酱获得真格基金等 1200 万元的投资，引发广泛关注。自 2016 年开始，网红 4.0 时代拉开序幕。

从网红 1.0 时代到网红 4.0 时代，每一个阶段网红的出现和发展，都有赖于互联网技术的赋权。被称为 2016 年第一网红的 papi 酱，正是因为处在短视频的风口，才能有其惊人的成就，不仅成为具有极大影响力的网红，而且建立了 MCN 组织 papitube，致力于整合资源，进行开发运营，实现更好的变现。还有依靠电竞直播走红的 PDD（电子竞技选手刘谋）……层出不穷的各类网红背后都是不断迭代的互联网技术的赋权。网红的演进过程可以说就是互联网技术发展的历程。

Web2.0 把人与人之间紧密结合起来，去中心化的网络内容生产方式，使生产主体由专业网站扩展为个体，人人都有麦克风，专业组织的制度化的、

① 克莱·舍基：《未来是湿的——无组织的组织力量》，中国人民大学出版社，2009，第 64 页。

组织把关式的生产扩展为更多自组织的、随机的、自我把关式的生产[①]。网红在这种传播环境下，迎来了前所未有的发展机遇。

互联网技术的爆炸式发展，打破了时空限制，催生了新的传播平台和传播形式。从微博、微信等社交媒体，到抖音、快手等短视频 App，再到虎牙、斗鱼等直播平台，网红有了更多更新的产生平台，也有了更多传播推广的重要场域，内容生产成本大大降低[②]。传播形式也从原来的图文，到直播交互与短视频，多元化的平台和介质为网红提供了更多更丰富的可以吸引粉丝的途径。视频直播时代，网红的群体规模更大，网红更新频率更快，网红群体的类别分化更加清晰。有学者认为，网红 4.0 可以分为直播平台网红（如 papi 酱）、电商平台网红（如张大奕）、社交平台网红（如同道大叔）以及电竞网红（如 Miss）[③]。

这一时期，网民行为习惯发生较大变化，网红群体传播拥有海量受众。特别是网络直播的爆火，促使大批草根青年通过身体消费博人眼球，满足大众窥探和猎奇心理，吸引打赏。网络直播还可以和电商相结合，电商网红通过自身高品质的生活和高颜值吸引粉丝，创造身份认同和向往，引导粉丝在电商平台购买其推荐的商品。社交平台网红依靠个人公众号和直播空间建立个性化社群。电竞类网红则依靠在直播间展现的高超的游戏技术，影响了数以万计的游戏爱好者。总之，网红行业的垂直分化成为这一阶段的主要趋势[④]。

网红 4.0 时代，流量变现变得更加简单。在庞大网民市场基础上，人们日益旺盛的消费需求结合网络化的社会生活方式，使网红将流量转化为实实在在的金钱变得十分容易，中国网络社会发展因此出现了一个特有现象——网红经济。有学者认为，所谓网红经济，是指网红群体传播链中的各参与方，围绕内容生产、传播和消费所形成的一系列商业模式和盈利模式的总和。网

---

① 彭兰：《WEB2.0 在中国的发展及其社会意义》，《国际新闻界》2007 年第 10 期。

② 许祥云、张茜：《“网红”的发展逻辑及其负面效应的规避》，《湖北社会科学》2019 年第 5 期。

③ 邢彦辉：《“互联网 +”视域下网红现象的范式转化》，《当代传播》2018 年第 3 期。

④ 杨江华：《从网络走红到网红经济：生成逻辑与演变过程》，《社会学评论》2018 年第 5 期。

红经济的核心在于内容变现与流量变现，其本质则是网红价值观与受众注意力资源的货币化①。

大数据、移动通信互联技术、移动支付等，助推网红从一种现象转型为一种产业。网红通过生产令粉丝感兴趣的内容集聚粉丝、吸引粉丝的注意力，然后将粉丝注意力转化为影响力和购买力。也就是说，网红利用粉丝效应催生出了网红经济。共享经济、社群经济和网红经济是2016年互联网经济三大模式，尤其是网红经济，几乎一夜之间成了热门的话题②。

电商变现、广告植入、知识付费、直播打赏，是网红实现内容变现和流量变现的主要形式。

第一种是电商变现，这是网红商业价值变现最常见的方式，网红对其粉丝开展精准营销，将流量导向电商平台，使其购买商品或者服务，获取相应的经济效益。李佳琦就是电商变现最成功的网红之一，其通过专业的讲解，精准的营销，直播间的即时互动性、趣味性吸引了一大批粉丝定时观看其直播，在其直播间购买商品。每年“双十一”期间，淘宝购买量排名靠前的店铺中，有大量店铺是属于网红的。相关数据显示，网红电商网站成交金额增长迅速③。

第二种是广告植入，这是网红变现的最直接、最传统的方式。网红通过在其创造的内容中植入广告进行宣传，往往效果很好，很容易潜移默化地使粉丝产生共鸣。且网红粉丝具有圈层性，标签性强，所以广告商选择符合商品调性的网红取得的广告效果很好。以papi酱为例，截至2022年3月共有3100万的微博粉丝，假设只有十分之一的点击率，每个点击按照0.1元计算，她的一个链接广告推送就能赚取31万元的广告费，其吸金能力非同一般。美妆、汽车、餐饮等各个行业领域的品牌都开始借助网红发布自身品牌广告。网红及其赖以成名的互动网络平台的广告影响力不断提升。

第三种是知识付费，即受众为接收到的有价值的知识而付出资金。随着

---

① 奚路阳、程明：《试论网红经济及其发展路径——基于传播逻辑与商业逻辑的双重视角》，《企业经济》2017年第12期。

② 邢彦辉：《“互联网+”视域下网红现象的范式转化》，《当代传播》2018年第3期。

③ 《中国网红经济发展洞察报告》，https://report.iresearch.cn/report_pdf.aspx?id=3231，访问日期：2022年1月24日。

人们生活水平的不断提高，用户的兴趣也开始从物质层面的美妆、服饰推荐向精神层面的知识文化传播等方向发展，越来越多的专业人士开始通过微博问答这种互动的方式来分享自己的专业知识，同时从中获取一定的收入。微博提供的相关数据显示，近年来我国微博问答参与人数与话题数量都保持了持续增长的态势。同时，随着网红产业链的日趋完善，网红商业价值的其他变现方式也开始出现，如利用粉丝对网红及其所代表品牌或文化的喜爱，越来越多与网红相关的衍生产品得到了开发，这些衍生产品也因此成为网红除电商与广告之外最快、最持久的变现方式。例如，截至 2022 年 3 月，微博红人同道大叔的粉丝人数达到了 1772 万，以星座分析作为主要内容所推出的漫画衍生产品受到了广大粉丝的高度青睐。又如，曾于北京友谊医院任营养师的顾中一，在 2017 年入选中国十大科学传播人物，截至 2022 年 3 月微博粉丝达到了 535 万，在半年内完成了 44 篇文章、22 场直播，在微博上以 V + 会员内容付费的形式科普健康知识，取得了不菲的变现收入。总之，新媒体时代网红在和商家长期互利合作的过程中也会更加关注粉丝端的感受，会通过进一步提升用户体验来实现网红商业价值的最大化①。

第四种是直播打赏，即观众将虚拟礼物或现金打赏给主播。自从 2014 年以来，各种直播平台在我国开始兴起并快速发展，随着越来越多的网红大量涌入直播行业，直播分成及其衍生变现方式（如与平台签约或打赏）也开始成为网红商业价值变现的重要方式。粉丝通过平台给网红送虚拟礼物，或者直接现金打赏。直播视频的网红主播，其主要收入就是靠粉丝赠送虚拟礼物，如鲜花、蛋糕、跑车、飞机等，不同物品对应价值不同的虚拟货币。随着视频直播的盛行，某“土豪”为了某网红主播一掷千金，数百万元砸下去买虚拟礼品赠送的新闻报道时有出现。和视频直播的大手笔送礼相比，靠短视频或者文字图片内容打动粉丝打赏的数额相对较小，但却是细水长流。只要内容足够吸引并打动粉丝，长期持续的优质内容创作积累的粉丝打赏也不容小觑。相关数据显示，中国直播电商市场规模超 9600 亿元，整体在线直播用户规模达 5.87 亿人。随着头部互联网平台的布局与垂直领域应用的发展，直播

---

① 高金城：《新媒体时代网红商业价值的开发与利用》，《中国商论》2018 年第 28 期。

行业将迎来更多元化的应用场景，潜在用户规模有继续扩大的趋势[①]。直播分成、签约费及粉丝打赏在网红的收入中占了不小的比例。

（二）主流网红成为舆论场“新星”

近年来，在多感官融合的传播技术的勃兴下，网众造星活动趋向多元化，主流网红是在时代需求下应运而生的“新星”。

新媒体舆论场圈层化，借用主流网红可打通多个舆论场。“网络传播已经成为现代社会主要传播方式，网络舆论已经是舆论的主要组成部分，网民已经是主要传播对象和传播的参与者。”[②] 在新媒体舆论场经网络的去中心化再造后，网红作为由新媒体规律产出的“意见领袖”，备受各圈层关注，打造主流网红成为主流媒体“破圈”的对策之一。

当前新媒体平台上网红良莠不齐，其中部分网红传播着错误的价值观，诸如传播金钱至上、极端利己主义、消极的人生观等[③]。这些乱象挤占了正确价值观的传递空间，主流媒体有义务为此培育自己的网红，占领网络舆论高地。

（三）主流网红的培育现状与策略

在主流媒体传播阵地逐渐向互联网转移的趋势下，打造主流网红是保持媒体活力与创新、提高流量与关注度的有效途径。媒体实践中涌现了一批取得了较佳的传播效果的案例。其中人民日报、新华社、中央广播电视总台、南方报业传媒集团实施了不同的主流网红打造策略。

1. 人民日报：个人自媒体账号认证支持

总体来说，人民日报在主流网红的打造上十分谨慎，更倾向于传统媒体人的路径，对其实行认证支持。其中影响力巨大的媒体人，是人民日报旗下环球时报特约评论员、前总编辑胡锡进。截至 2022 年 6 月 12 日，环球时报微博粉丝数为 3077. 1 万，而胡锡进微博粉丝数为 2445. 5 万。有学者通过研究发现，

---

① 《中国在线直播市场规模超 9600 亿元，KK 直播打造“直播 + 公益”新模式》，http：//d. youth. cn/newtech/202103/t20210318_12780915. htm，访问日期：2022 年 1 月 30 日。

② 《习近平新闻思想讲义》编写组：《习近平新闻思想讲义》，人民出版社，2018，第 114—115 页。

③ 李帅、范以锦：《打造主流网红，强化新型媒体平台影响力》，《新闻战线》2017 年第 3 期。

《环球时报》社评与胡锡进微博在高频词汇、新闻框架构建及情感话语使用上有着较高的相似性①。纵观胡锡进的微博，可以看出其个人色彩强烈，这可以和代表官方态度的《环球时报》相互配合补充，实现舆论引导。

2. 新华社：成立个人工作室进行 IP 打造

在主流网红的打造上，新华社给予了员工较大的自主权，成立个人工作室，从主流网红的角度为严肃新闻开辟新的传播路径。其中代表性人物是新华社记者张扬，其带领的工作室——“张扬工作室”是新华社第一个社级个人工作室，“立足国社、瞄准青年、清新表达、拓展流量”是工作室的定位。该工作室以个人认证在 B 站进行“小羊在鲜花舍”的运营，将新华社比喻成“鲜花舍”，贴合年轻人的话语方式。视频是以张扬为主要出镜对象或第一视角的 Vlog（Video Blog，视频日志），致力于形成个人特色 IP 的柔性输出。其中“小羊在鲜花舍”的内容，突破以往时政报道的固定模式，兼顾新闻拍摄和花絮 Vlog，比如 2021 年的“两会”内容，这一系列被命名为“张扬两会 Vlog”的包括行李开箱、直播连线、工作间隙等的幕后内容，让受众从后台了解媒体人的工作日常，拉近与受众的距离，达到情感连接和推广“两会”的目的，提升青年受众对时政要闻的了解度、接受度和互动率。

3. 中央广播电视总台：多方发力打造网红矩阵

对于主流网红的塑造，中央广播电视总台在人员技术、媒体技术和经典栏目中具有得天独厚的优势。2021 年 6 月，在中央广播电视总台党组的专题会议上，中宣部副部长、中央广播电视总台台长慎海雄提到：“发挥网红传播在头条工程、重大主题报道中的重要作用，加强重要地区重点语言网红评论员培养，细化分类、深耕内容，实现差异化发展。”目前，通过多方发力，中央广播电视总台通过经典栏目差异化推动主播成网红、将主持人进行组合打造集体网红和发掘网红记者进行出圈运营三大路径，从而催生总台旗下众多的主流网红，形成网红矩阵。

经典栏目差异化推动主播成网红的路径代表就是以《新闻联播》为背景的《主播说联播》栏目，其中以往形象端庄的播音员采用顺口溜、便服出外

---

① 罗昶、丁文慧、赵威：《事实框架与情感话语：〈环球时报〉社评和胡锡进微博的新闻框架与话语分析》，《国际新闻界》2014 年第 8 期。

景、方言播报等趣味亲切的方式与受众进行交流，以竖屏模式在抖音、快手、微博和B站等视频平台进行广泛的传播，使得李梓萌、康辉、欧阳夏丹等人在网络上走红，使时政要闻以更加亲切的方式“飞入寻常百姓家”。截至2022年6月，“新闻联播”账号在抖音拥有3299.9万多粉丝，在快手拥有4263.5万多粉丝，“央视新闻”账号在B站拥有815.3万粉丝。主播成为主流网红，不仅使得经典节目收获年轻受众，也将影响力扩大，真正打通多个舆论场。

将主持人进行组合打造集体网红的路径代表就是“央视Boys”，其中包括康辉、朱广权、撒贝宁和尼格买提。四人首次同框出现后，“#康撒朱尼合体#”的话题登上热搜，其后四人多次以团体形式出现，并将宣传口径改为“央视Boys”。2021年5月1日，“央视Boys”进行商业直播，最终累计销售5.286亿元，后续商家将把销售额的一部分作为公益基金捐出。借由央视的公信力和主流网红们的关注度，网络公益事业得到了积极推进。

在网红记者培养方面，央视的新生力量成长很快。如2019年硕士研究生毕业的庄晓莹进入央视国防军事频道，其又美又飒的形象实力圈了大批粉丝。庄晓莹活跃在军事新闻报道一线，从容不迫地做好各种现场报道，被网友亲切地称为“暖莹莹”。火了之后的庄晓莹，2021年参与央视频推出的主播新媒体才艺秀《央young之夏》，2022年参与主持央视频推出的《可爱的国，美丽的家》，其名气进一步扩大。

4. 南方报业传媒集团：持续推进造星工程

在主流网红的打造中，南方报业传媒集团起步早，是区域性媒体培育主流网红的代表。该集团启动的“南方名记培育工程”，着力打造有别于一般网红的主流网红[①]。2016年10月，首批15人培育名单出炉。此后，该集团不断推出年度“南方名记者”，主攻方向涉及时政、经济、军事、娱乐、视频等各个细分领域。该工程实施以来，这些网红记者创作出了人们喜闻乐见的一系列优秀作品，诸如赵扬工作室的反腐脱口秀视频节目《武松来了》和丁建庭工作室主持的时事评论栏目《叮咚快评》，均在互联网上取得了不错

---

① 黄常开：《既要做“纸红”，更要做网红——南方报业人才培育工程的创新思路与实践》，《中国记者》2016年第12期。

的反响。

几年来，一批批南方名记者培育对象专注主业、制作爆款、全媒作业、做优原创、做强平台，引领该集团采编人员加速全媒体转型，在众声喧哗的互联网上持续壮大了主流舆论声音①。该集团通过培育“南方名记”持续推进造星工程，近年也与其他媒体合作，共同打造出“菠萝妹妹”这类产业 IP 网红，助力乡村振兴。

“菠萝妹妹”王小颖是广东农业圈内颇具热度的流量网红。与常见的网红运营模式不同，她主打公益属性，背后没有专业网红孵化团队，而是依靠南方农村报等多家广东省内主流媒体持续引流、策划宣传，最终成名出圈②。多家主流媒体在菠萝上市季，策划推出相关短视频和原创 MV 等优质内容进行线上传播，丰富这一 IP 的内容输出。

第二节　网红的生成逻辑

任何事物的出现、发展，都有其内在逻辑。网红现象也必须置于特定的媒介环境、大众心理、经济运行和社会关系中，才能被更全面地认识。

一、从“大众围观网红”到“垂直固定领域”

从网红内容生产的角度来看，以安妮宝贝等为代表的网红 1.0 时代发展到如今以 papi 酱、李佳琦等为代表的网红 4.0 时代，内容型网红也进入了半专业化甚至是专业化的内容生产阶段③，呈现了由“大众围观网红”到“垂直固定领域”的发展趋势。

---

① 南方+：《C 位出道！2022 年度“南方名记者”来了》，http：//static. nfapp. southcn. com/content/202201/10/c6117609. html，访问日期：2022 年 1 月 30 日。

② 高永彬：《打造产业网红 IP，彰显乡村振兴主流价值》，《南方传媒研究》2021 年第 3 期。

③ 胡泳、张月朦：《网红的兴起及走向》，《新闻与写作》2017 年第 1 期。

（一）大众围观网红：缺乏专业内容支撑，生命周期短

在网红的 1.0 时代及网红的 2.0 时代，这一时期的网红如芙蓉姐姐、奶茶妹妹、凤姐等，主要凭借出色或独特的外貌在网络上引起热议，进而积攒人气，在拥有了一定基数的粉丝之后，这些网红开始对流量进行变现，或代言各种广告，或接拍各种视频节目、影视剧等来获得商业利益。

对于这些较早期的网红而言，他们走红的原因是自身的某种特质在互联网的作用下不断地被放大，与网民的审美、审丑、刺激、娱乐、臆想、偷窥、起哄、看客等心理相契合，有意或无意间受到网络世界的追捧[①]。通俗来说，他们的人气是“大众围观”，即网民看个热闹图个新鲜积攒出来的，他们实际上并没有多少专业才能，也并非以在某一具体领域上所具有的突出专业技能来进入公众视野，他们所获得的人气并不长久。对于这些缺乏专业技能的网红而言，他们积攒的人气及在网络上所取得的轰动效应都只是暂时的，网民并不会对这类网红产生长期的“依赖”，如果网红长此以往都单纯以外表或猎奇行为活跃在网民视线中，无法用其他方式来增加粉丝黏性，那么，网民一旦对其出现了审美疲劳，这些网红的人气就会降低。因此，初代网红的生命周期往往比较短，是来也匆匆，去也匆匆，如网红 1.0 时代的典型代表芙蓉姐姐。2004 年，一名自称“芙蓉姐姐”的网友在水木清华论坛上发布了其大量动作夸张、带有强烈身体展示意味的照片，该组照片在网络上得到了广泛的传播，引起了网友的热议。在收获了大批流量关注之后，芙蓉姐姐接连出演了网络短剧《打劫》，推出个人单曲《我是个好老婆》等进行流量变现，但芙蓉姐姐之风并未能持续多久。其单纯依靠外貌这一噱头走红，缺乏专业内容生产的支撑，生命周期必然会短，如今芙蓉姐姐已淡出了人们的视野。

（二）垂直固定领域：粉丝黏性增强，生命周期长

单纯靠各种噱头、搞怪而走红的网红已不能再令受众满意，这也间接促使网红需要在传播方式和传播内容上进行创新，才能持续吸引到关注与流量。

---

① 沈霄、王国华、杨腾飞、钟声扬：《我国网红现象的发展历程、特征分析与治理对策》，《情报杂志》2016 年第 11 期。

如今，要想取得受众的长期好感，才华是关键①。只有靠具有一定专业性的内容来支撑，网红才能长期占据公众注意力焦点，从而获得长期流量，实现持续性的流量变现。

意识到这一点后，网红 3.0 时代及网红 4.0 时代的内容生产都呈现出了明显的专业化的趋势。这里我们所谈的网红内容生产专业化，并不一定局限于某一学科或某一个领域的高精尖知识，它所指的是网红一改以往靠炒作和噱头等简单直接进行流量收割的粗暴方式，在某一垂直固定领域进行深耕，从而培养黏性较强的受众粉丝群体。相较于初代网红的“大众围观”，“垂直固定领域”的生产方式往往能够使得粉丝黏性增强，网红的生命周期也随之变长。如网红 4.0 时代的代表 papi 酱，就在一定程度上体现了专业化内容生产特征。2015 年 10 月，papi 酱开始在微博、秒拍等新媒体平台上上传自己的原创吐槽视频，2016 年 2 月其相关短视频作品开始走红，在网络上成功掀起了一波又一波话题高潮，被称为“2016 年第一网红”。在外表上，papi 酱也有诸如“素颜美女”“亚洲的苏菲·玛索”等个人标签，但同初代网红相比，papi 酱并未过分炒作与此相关的话题，而是将重心放在了短视频内容产品的制作上，在吐槽视频领域持续深耕，保持个人特色，表达方式诙谐，吐槽的内容贴合实际生活，观点犀利，能够引发观众的情感共鸣。同时，在拍摄和剪辑方面，papi 酱通常采用一人分饰多角的展示形式，视频中还经常运用如特效变声、快进等灵活表现形式，形成了个人特色明显的短视频风格，从而吸引了大批黏性较强的粉丝受众群体。如今，papi 酱仍然活跃在各种社交媒体平台。

网红行业的竞争越来越大，专业化仍然是网红内容发展的一大主要方向，只有坚持专业化的内容生产，才能形成带有独特个人风格与标签特点的作品，吸引黏性较强的粉丝，从而保持长期的活跃度。

二、从“个人作坊炒作”到“产业链塑造网红”

网红是商业时代利益共谋的孪生品。从网红现象在国内诞生的那一天开始，网络成名和市场价值、商业利润、注意力经济就纠合到了一起，一些网

---

① 郑文聪：《“网红 3.0”时代的特征及受众心理》，《新媒体研究》2016 年第 6 期。

红名利双收，其背后的网络推手也获利颇丰[①]。商业是推动网红不断发展的一大助力，大量粉丝是网红产生经济效益的基础[②]，随着网红的不断发展，其运营方式也不断成熟，从个人作坊炒作到逐渐成型的行业产业链，专业化发展趋势明显。

（一）个人作坊炒作：个人＋第三方平台

在发展早期，网红经济尚未发展成为独立的产业，缺乏与之相对应的运营机制支持，初代的网红往往是借助新兴社交媒体平台，以个人的力量来进行炒作吸引流量，其所采用的是“个人＋第三方平台”的形式，主要指的是个人以第三方平台为基础进行原始积累，并在该原始积累的基础上进行运营，从而实现创收。如芙蓉姐姐以自身在社交媒体平台上积累的原始流量为基础，参与一定的视频内容产品制作实现商业变现。

“个人＋第三方平台”的发展是初代网红运营所采取的普遍形式，此种形式运用灵活，网红在前期可根据个人特点采取适合于自己的不同方式进行原始积累，但由于该种形式缺乏一定的规范性和专业性，不能称其为一种专业的运营模式，其可借鉴性与可操作性较低，成功网红的经验难以复制。由于专业运营模式的缺乏，网红在早期发展过程中运营的成本与难度较大。

在早期，网红乘着新兴网络技术发展的东风进行内容生产，是 UGC 的成功者，是对传统 PGC（Professional Generated Content，专业生产内容），即专业内容生产机制的反拨[③]。但是 UGC 模式最大的弊端便是其内容生产的不可持续性，随着商业资本的不断介入，单纯的 UGC 已经不能够满足网红行业进一步发展的需求，从而推动了网红不断走向专业化的生产，并随之形成了成熟的专业化运营模式，在这一个过程中，专业化的运营成为网红后续发展及变现的一个重要保障。

（二）产业链塑造网红：个人＋孵化公司＋社交平台

网红 1.0 时代及网红 2.0 时代的经验积累及商业资本的加入与推动促使

① 敖成兵：《多元时代共生衍创背景下的“网红”现象解读》，《中国青年研究》2016 年第 11 期。

② 梁立明：《网红经济行业研究报告》，《首席财务官》2016 年第 13 期。

③ 胡泳、张月朦：《网红的兴起及走向》，《新闻与写作》2017 年第 1 期。

网红行业朝着规模化与产业化的方向发展，如今网红行业的运营方式逐渐成熟，已形成了打造网红的完整与成熟的产业链。目前，网红运营所采用的普遍的产业链模式为“个人＋孵化公司＋社交平台”这一形式，首先由个人与网红孵化公司签约，孵化公司会对签约网红进行一系列指导与操作，以助力该网红的内容生产在各个社交媒体平台上的传播。在这一塑造网红的整条产业链中，网红孵化公司扮演着重要的角色。

网红孵化公司即网红行业中的 MCN 机构。MCN 模式源于国外成熟的网红经济运作，其实质是一个多频道网络的产品形态，相当于内容生产者和内容平台之间的一个中介①。MCN 并不是内容的生产者，而是将众多的内容生产者集合起来，通过资本的支持来助力内容生产者解决诸如推广等问题，从而实现持续的商业变现。

根据网红孵化公司在网红产业链中扮演的不同角色，可以将其分为上游 MCN 机构、中游 MCN 机构及下游 MCN 机构。上游 MCN 机构在网红经济的产业链条中扮演着经纪公司的角色，它会介入到网红的内容生产过程中去，同时也影响着如美妆、拍摄、文案设计等其他流程，和其他 MCN 机构相比，上游 MCN 机构对网红产业链的参与程度是最高的。在开始网红孵化之前，公司会对有关人员进行相关挑选，选择合适的网红签约。签约之后，公司会根据所签约网红的实际情况对其进行人设规划，在前期规划完成之后，公司开始负责该名网红的内容生产，生产制作完成之后则与内容分发平台进行对接，其中包括平台运营和粉丝运营两部分，通过运营为该名网红账号吸引足够的流量，直至最后成功实现商业变现。

相对于上游 MCN 机构，中游 MCN 机构主要与内容分发平台进行对接，为网红的内容分发助力。在产业链下游的 MCN 机构则介入到资本与消费者之间，对电商、粉丝经济等这样一些变现的渠道进行整合。通过上中下游的 MCN 机构的相互配合，形成了完整的网红产业运营链。

目前典型的网红孵化器公司主要有杭州如涵、杭州缇苏、杭州宸帆等，如涵旗下签约网红数量众多，如张大奕、左娇娇、大金等网红都来自这家公司。和初期网红个人作坊炒作的独立自主生产相较而言，MCN 机构渗透到了

---

① 周蕾：《网红的孵化与再造》，硕士学位论文，安徽大学新闻与传播学院，2020。

网红塑造产业链条的方方面面。发展到如今的阶段，网红只需要在社交网络上展示自己的日常生活，吸引粉丝，维持黏度。业内人士表示："'网红'发的每条微博都是经过深思熟虑的，有目的性。"① 同个人作坊炒作相比，完整专业的运营产业链效率与转化率更高，从而推动整个网红行业朝着更高效的方向发展，但是对于过分充斥其中的商业价值，其影响和作用仍有待商榷。

因此，在商业力量的助推下，网红在内容生产和运营模式上均呈现出了明显的专业化逻辑，网红生成逻辑向着专业化的方向发展。在网络技术快速发展的今天，只有依托专业化的力量，网红才能保持长期的生命力，但过度依赖资本导致的网红行业畸形发展也值得人们警惕与思考。

三、从"作为引流渠道"到"商业直接嵌入"

网红经过一段时间的发展，已不再只是抓眼球的"哗众取宠"，而是一种能被无限拓展的商业平台，更是互联网新经济业态多元化的一个缩影。在各个领域走红的网红凭借其个人魅力积累粉丝基础，并利用其庞大的粉丝数量，结合商业途径实现变现，推动衍生市场的发展，获得巨大的经济利益。倘若将网红强大的变现能力运用在扶农助贫等共同富裕的项目上，那必然是推动经济民生发展的强大助力。目前，网红变现主要有以下形式：

（一）以注意力经济为依托的广告变现

广告变现是网红变现的基本模式，指网红在内容创作的过程中植入广告，吸引受众的注意力，通过为商家提供广告营销服务的行为，达到收取广告推广费的变现目的。广告变现可分为硬广告和软广告两种方式。硬广告即直接植入广告，广告信息以念口播或者是作为道具或者背景出现；软广告即通过情景演绎等内容二次创作形式传递广告信息，对广告创意有着更高的要求。2017 年《中国新媒体蓝皮书》数据显示，网红广告变现占比最大，达 50.6%。

广告是将粉丝与人格化的网红之间的信任链赋值的过程。网红凭借其个人魅力，获得网友的喜爱与关注，成为各个领域的"意见领袖"，在一定程

---

① 胡冰淇：《浅析网红背后的"经济链"及其孵化公司的监管》，《新经济》2016 年第 14 期。

度上能够影响网友的购买意向和消费行为。对于此类网红而言，倘若选择虚假伪劣产品、敷衍地制作内容或过于频繁地进行广告植入，则将面临“翻车”的风险，不仅不会收获较高的观看量或者点赞量，而且还会影响自身清誉。因此，网红若是想实现“可持续广告变现”，建议选择与自身定位相关度较高的产品，通过软广告的形式进行宣传和推广，同时积极与网友互动，保持良好的关系。

（二）以粉丝经济为基础的内容变现

内容变现可分为主动付费和被动付费。主动付费是指社交媒体平台上的打赏机制，如微信文章赞赏、B 站视频一键三连以及在直播平台上为主播刷礼物等打赏方式。被动付费又称知识付费，即以开放型内容社区为依托，在付费的基础上由个人面向网络大众提供在线咨询、网络课程、信息共享等内容服务的传播模式，如知乎上的订阅专栏、微信的付费文章等。

与其他变现渠道不同，内容变现是网红与网友之间最直接的变现方式，二者以内容为连接，网红生产优质内容，网友按照自己的价值判断和对内容抑或是网红的喜爱程度进行打赏，整个变现过程不牵扯第三方，没有过多的中间环节。网友消费的是内容，打赏的是内容，内容的价值得到了最大的体现，但这同时也对网红提出了更高的要求。不同于以明星为依托的粉丝经济，网红倘若想要实现“可持续内容变现”，须坚持内容为王的原则，生产出更多优质的内容，满足网友的知识获取和情感需要。对于内容变现来说，关注忠实粉丝群体的需求比单纯关注粉丝数量的增长更为重要，这是在稳定原有打赏群体的基础上扩大粉丝打赏的队伍，获得更高内容变现收益的关键。

（三）以电商为基础的产品导流

“互联网的尽头是电商”，一句网上的调侃语反映了网红变现的真实状态。流量的重点是变现，电商是变现效率最高，也是最直接的途径，直播电商因其去中心化、高互动性等特点成为电商行业中最具有潜力的领域。近年来，在乡村振兴、市场下沉、平台扶持的大背景下，越来越多的网红助推扶贫，主流媒体也入局直播带货，推出多场公益直播，带货销售额屡创新高，是助贫扶农的强大助力。

2020 年 4 月 6 日，主流媒体的直播带货以“小朱配琦”组合（中央广播电视总台主持人朱广权和网红主播李佳琦）主持的“谢谢你为湖北拼单”的公益直播为起点，该场直播累计观看次数1.22亿，两个小时的直播累计卖出总价值4014万元的湖北商品。2020年5月1日，由康辉、撒贝宁、朱广权、尼格买提组成的“央视Boys”首次同台直播带货，3小时内成交总额超过5亿元，观看人数超1000万。由此可见，主流媒体推出的主流网红入场直播带货，销售农产品，已成为一种新型的扶贫模式，是助农、拉动内需、推动地方经济的有益措施。媒体本身也能够通过主流网红的直播带货，有效盘活广告资源，拓展服务模式，打造积极、正向的品牌形象，在变现的同时实现多方共赢。

四、从“草根野蛮生长”到“乱象严重须规范”

网红作为生发于互联网场域的特定产物，其生成机制和传播力因互联网发展的特殊性而有别于任何一个时代的“造星”机制，从某种意义上说，网红的进化变迁史与互联网技术的发展迭代亦步亦趋[①]，互联网技术是网红成名的强大助力。随着互联网技术的爆炸式发展，网红赛道的竞争也日益加剧，从出名尚且容易的“草根野蛮生长”时期到昙花一现的“网红孵化”时期，至如今网红乱象严重，亟须主流网红加以引导，国家政策加以规范。

（一）出名尚且容易：草根野蛮生长

网红原意多指草根名人，因某个事件或某些行为在网络中受到普遍关注。最早利用互联网技术提高个人影响力的网络红人可追溯到BBS时代，彼时BBS和文学网站先后成为孕育安妮宝贝、唐家三少等网络写手的沃土，网络文学的发展推动了第一代草根网络红人的成长。在图片都难以加载的互联网时代，匿名的网络写手们不靠团队不靠颜值，单靠自身出色的文字创作能力，单打独斗成为网红们的先驱。在这互联网刚刚兴起的风口，只要有些许才华，便极易脱颖而出。

2004年，芙蓉姐姐的走红，开启了图文时代网络红人的阶段，以图文形式为代表的草根网红密集出现。这些草根网红大多采用在论坛、社交网站上

---

① 敖鹏：《网红为什么这样红？——基于网红现象的解读和思考》，《当代传播》2016年第4期。

发表夸张的言论，辅之极丑或极美照片的策略吸引网友的注意力，在社会上形成知名度，赢得广告商关注以达到变现的目的。

芙蓉姐姐和凤姐的走红模式极为相似，其背后均有网络推手。草根网民随意发发美照或丑照，即可快速走红于网络，这均是网络推手运作的结果。彼时尚未成熟的网络推手会根据个人的特点与诉求，策划走红方案，团队合作模式初具雏形。在网络推手发展初期，团队规模并不大，后随着市场的快速拓展，业务规模大，呈现出批量制作的需求，“水军”也就应运而生，成为网络公关的利器①，并广泛运用于走红于这一时期的天仙妹妹、奶茶妹妹、西单女孩等网络红人身上，网络红人的产生由单打独斗向团队合作转变。这一时期，只要敢说敢发，懂得寻求网络推手帮助，出名尚且容易。

（二）出名昙花一现：网红孵化已成趋势

李佳琦背后的 MCN 公司是美 ONE，辛巴背后的 MCN 公司是辛选，papi 酱成名后创办 MCN 机构 papitube，成功孵化一批网红。单打独斗越来越难在激烈的网红竞争市场中胜出，MCN 等网红孵化器的出现和蓬勃发展意味着网红行业已进入产业化运营时代，形成完整的网红产业链。网红孵化公司通过培养潜力素人或签约头部网红的方式获得达人资源，按照达人形象和性格进行全方位的包装定位，以吸引网友注意，获得较高的粉丝量。在包装定位的策略上，不同的网红孵化公司有各自的方法论，其共同点在于：用各种独特人设的网红账号获取高流量，再以专业化运营的方式延长网红生命周期，保证优质内容持续输出，最终实现商业变现。

《2020 年中国 MCN 行业发展研究白皮书》数据显示，2019 年我国 MCN 机构数量已突破 2 万家。暴增的 MCN 机构潜伏于镜头后端，批量复制网红 IP，不动声色地收割金钱与流量，而大多被批量复制出来的网红的成名不过昙花一现。网红行业伴随着互联网浪潮不断翻涌，洗牌速度不断加快，行业内的新人不断入局、崛起、沉寂，无数网红一夜风光后归于沉寂，能长久活跃在大众面前的网红少而又少。以个人为中心的网红模式与互联网的分散化模式背道而驰，极容易被其他热点分焦。对于网红们来讲，这是一个最好的

---

① 张孝荣、苏亚：《papi 酱何以拍出 2200 万，2016 网红元年深度解读报告》，https：//mp. weixin. qq. com/s/JfAtW389RfGx98nunaJ－aQ，访问日期：2022 年 2 月 8 日。

时代，也是一个最坏的时代，如何提高自身的核心竞争力和不可替代性是众多网红亟须思考的问题。

（三）出名赛道拥挤：方向须主流网红做引领

从默默无闻到声名鹊起，草根成长为网红的模式一直存在，网红垂类的发展促进了网红的泛化，任何人都可以把网络平台当作成名的原始渠道，甚至本身已拥有一定名气和影响力的明星和企业家等社会名人，纷纷加入网红的赛道，将互联网作为进一步扩大其自身影响力的途径。

明星和企业家等社会名人的加入，意味着本就随着媒介技术发展竞争愈发激烈的网红赛道愈发拥挤，同时预示着网红这一职业将还会有更丰富的社会内涵和商业应用价值。网红经济这一人人争抢的“奶酪”，也为个人和社会埋下了一定的隐患，部分网红和草根民众为博关注不择手段，牺牲道德良知传播低劣内容，售卖虚假伪劣产品。另一方面，互联网技术的发展使得未成年人较易接触到网红，质量参差不齐的网红在一定程度上会对未成年用户的价值观、人生观产生不良影响。因此，主流媒体必须肩担道义、观察世界，培育主流网红来做价值引领者。

第二章
网红分类与媒介形象特征

作为网络文化的一个组成部分，网红是数字时代网民自我表达和社会参与的一种独特符号。网红的身份、言行和价值取向不同，其类型多样，媒介形象也存在较大差异。

第一节 网红类型与主流网红属性

网红活动场域主要为网络平台，并与一定量的粉丝在网络上进行长期有效的互动。正如丹尼尔·布尔斯对“名人”的定义：名人很大程度上仅仅是因为“知名”而知名的，而不是因为名人自身的伟大贡献或者其所拥有的才华①。而这一倾向在当下互联网环境中愈加明显，网红的发展出现了分众化的情形。

一、网红的类型

网红成名的方式多样，其类型也是多样化的。按照生产内容、传播平台、职业阶层和地域分布的不同，网红的类型丰富多元。

（一）生产内容

不同的网红生产内容是不一样的，各有特色。美食方面的办公室小野、盗月社，科技方面的何同学，体育方面的张继科、傅园慧、杨倩，旅行方面的房琪，电竞方面的游戏解说主播管泽元，美妆穿搭方面的程十安和生活日志方面的易梦玲……网红在各自的领域展现着自己的专业能力和特色，生产出不同的网红内容和产品，呈现出专业的生产能力，从而在一定程度上丰富了大众的业余文化生活。

（二）传播平台

互联网技术的发展催生了依赖于互联网技术的平台，网红的出现和发展

---

① Daniel J. Boorstin, *The Image: A Guide to Pseudo-Eventsin America* (New York: Vintage, 1967), p. 57.

不仅仅只存在于传统媒体广播电视上，随着微博、抖音、快手、B 站以及小红书等新媒体的出现，大量的网红依靠新媒体而存在和发展，例如微博大 V 同道大叔、谷大白话以及耳帝，抖音网红张若宇以及疯狂小杨哥，快手网红辛巴以及 B 站的罗翔和小红书上的温精灵……这些网红依托于新媒体的发展而存在。

（三）职业阶层

互联网技术为芸芸众生的生活带来了改变。网红不仅存在于精英阶层，也让越来越多的普通人获得更多的话语权，草根网红进入大众的视野，得到了快速的发展，他们所生产出来的内容，不同于精英阶层生产出来的内容，对于大众的影响是不一样的。例如精英阶层的胡锡进，草根阶层的“大衣哥”朱之文、拍摄东北农村题材的张同学、蜀中桃子姐以及早期的网红凤姐和芙蓉姐姐。

网红虽然分布的职业和阶层不同，生产出的内容也有所差别，但都为大众带来了视觉上的盛宴，丰富了大众的文化生活。无论是阳春白雪还是下里巴人，都是大众所需求的文化，只要网红生产的内容是大众所喜闻乐见的，那么就是迎合了社会的发展需求，就能长久而稳定地继续发展。

（四）地域分布

网红按照生产地域可以分为国内网红、国外网红，乡村网红、城市网红以及中央媒体网红和地方媒体网红。不同地域的网红由于风俗习惯、语言和宗教信仰的不同，生产出的内容也具有当地的风格特色。例如国外网红郭杰瑞和竹内亮、乡村网红蜀中桃子姐。桃子姐是以乡村题材为主，展现了乡村的特点，引起了大众的审美认同和欣赏。由于网红作品生产地域的不同，人们对其的理解也会不同，有无乡村生活经历的受众对于桃子姐的视频肯定会呈现出不同的理解方式和感受体验。不同地域的网红生产出来的内容具有当地的特色，极具丰富性，为大众带来了新的文化体验。

二、主流网红的属性

主流网红与一般网红的共性是都受到各自粉丝的关注，都具有人格化特点，但主流网红身上存在着特定的属性，正是由于这些属性主流网红才更有发展潜力。

社会服务属性是主流网红的首要属性。主流网红身上肩负着传播主流价值观的责任和使命，他们坚守初心、服务大众，引导用户更多地参与社会事务的讨论①。

其次，主流网红属于一种文化标志。主流媒体打造的网红需要具备一定水平的文化素养，这样才能更好地讲好中国故事。

最后，主流网红还具有职业属性。网红是职业的一种分类，主流网红相较于一般网红具有更高的专业能力和职业素养，相较于很多自媒体网红，主流网红需要通过一定的专业训练。

当然，主流网红还具有其他的属性，比如引导性等，而社会服务性、文化性以及职业性是更为显著的属性。

三、打造主流网红的内在动因

打造主流网红的背景，与消除负面网红出现的问题，以及媒体融合发展和主流舆论引导关系密切。

（一）消除负面网红所产生的不良影响

网络中不可避免地会出现一些传播低俗内容的网红主播，这对主流社会风气和价值观产生了负面作用。尤其是在网红文化对青少年的影响越发显著的背景下，打造主流网红也就显得十分必要。

根据艾瑞网提供的数据，截至 2018 年 4 月，中国网红粉丝总人数达到 5.88 亿人，其中 38 岁以下网民占比达到 92.4% ②。因此，我们可以看出网红经济以及背后所产生的网红文化对年轻群体影响范围的广泛性，有的网红粗制滥造内容，扭曲社会的正确价值，不利于社会文化的可持续发展和价值观健康。比如被称为“网红鼻祖”的凤姐，因其雷人言论和夸张造型在网络上引起热议，有的人跟风追捧她，也有人对她进行网络暴力。在这样的网络环境中，青年网民价值观的形成不可避免地受到一些负面影响。再如网红办

---

① 白迎港：《全媒体时代“网红记者”的人格化传播特征与反思》，《视听界》2021 年第 4 期。

② 艾瑞咨询：《2018 年中国网红经济发展研究报告》，http：//report. iresearch. cn/report/201806/3231. shtml，访问日期：2022 年 2 月 9 日。

公室小野因利用办公室“趣味”做饭视频而走红，但是在内容传播过程中也造成很多负面影响，有的青少年对其进行模仿造成危险事故。

网红文化的繁盛不息一方面造成了青年价值观潜移默化的历史变迁，另一方面也成为价值遮蔽与价值失范的诱因[①]。在此背景之下，主流媒体应该要摈除劣迹网红对社会的不良影响，为社会传播正能量，引导网民尤其是青少年形成正确的人生观、价值观和世界观。

（二）媒体融合深入发展成为主流网红产生的助推力

伴随着媒体技术和内容生产的转型，媒体中的人才同样需要转型，尤其是新闻记者要不断适应媒体融合的要求，相当多的记者开始借鉴网红的发展思路，打造名记者工作室，树立主流网红的人设。

在媒体融合背景之下，主流媒体不断拓展主流传播阵地，从互联网到移动社交媒体，为了能够占领传播的高地，打造媒体自身的“网红记者”成为主流媒体重要着力方向[②]。例如，南方报业传媒集团启动的“南方名记培育工程”，工作室机制已经成了“南方名记”网红打造的独特模式，南方日报、南方网、南方+等分媒体能够有效整合资源，合力打造有影响力、传播力的主流网红[③]。

媒体融合向纵深发展，主流网红的出现是应然也是必然，因为媒体的融合更是媒体人才的融合，传统媒体的从业者需要不断创新报道方式和内容才能适应媒体用户的需求。麦克卢汉说，媒介即人的延伸，人也是传播的重要媒介。而伴随社交媒体和5G技术的不断深入，主流网红作为一种传播媒介将在新兴媒体中发挥更大的传播作用。

主流媒体需要看清社交媒体和移动互联网在传播中的优势，在媒体融合的背景下，顺势推出属于自身平台的主流网红，塑造自身的主流形象，不断增强传播影响力。

---

① 李力、常青：《网红文化影响下的青年价值困境及其超越》，《中国青年研究》2020年第6期。

② 朱燕敏：《主流媒体新闻记者的网红化转型探索》，《视听》2021年第8期。

③ 黄晓莉：《培育全媒型、专家型人才，示范带动全媒体转型——打造南方“主流网红”座谈会综述》，《新闻战线》2017年第5期。

（三）打造主流网红是主流舆论引导的必然要求

2016 年，习近平总书记在党的新闻舆论工作座谈会上强调，“坚持以人民为中心的工作导向，尊重新闻传播规律，创新方法手段，切实提高党的新闻舆论传播力、引导力、影响力、公信力。”①

打造主流网红就是在移动互联网和社交媒体时代采用创新手段，提高主流舆论传播力的方法。有针对性地打造主流网红，展现了主流媒体的社会责任感和使命感，对巩固和发展主流舆论阵地具有十分重要的现实意义②。

主流网红对舆论的引导主要体现在以下两个方面：一是主流网红可以成为议程设置者，对主流舆论的议题进行引导。比如央视在 2022 北京冬奥会期间力推自己的网红记者直播出镜，提升了新媒体用户对北京冬奥会报道的兴趣，同时传递出关于冬奥会的积极信息，在提高国民认可度的同时可以进一步促进国际舆论的传播。二是主流网红除了记者、网红身份外，还可以成为网络的意见领袖。主流网红的打造可以跟随时代的步伐，把握时代的敏感点，推动解决一些社会弊端，对社会发展起到推动作用③。

从意见领袖到网络意见领袖，可以看出主流意见和观点引导方式的改变方向，那就是在社会重大新闻事件中网络意见领袖发挥显著作用。因此，在社交媒体时代要想更好地传播主流舆论意见，主流网红就成了重要的助推者。主流网红可以成为舆论引导的先锋队，对主流网红的塑造更利于媒体强化互联网思维、坚持党性原则并进一步牢牢占领主流舆论阵地。

四、主流网红类别

从网红到主流网红，主流媒体打造的网红如今分布在各个领域，为更好地引导舆论发挥作用。主流网红大致分为以下四个类别：

（一）媒体打造的主流网红

首先是最突出的媒体机构打造的网红，媒体机构以主要的官方媒体央视

---

① 《习近平在党的新闻舆论工作座谈会上强调　坚持正确方向创新方法手段　提高新闻舆论传播力引导力》，《人民日报》2016 年 2 月 20 日第 1 版。

② 范以锦、聂浩：《2017 年重大传媒事件》，《新闻与写作》2017 年第 12 期。

③ 刘芬、张洵：《浅谈“网红”对社会舆论场的影响及相关应对策略》，《教育传媒研究》2017 年第 1 期。

新闻、新华社、南方报业传媒集团为代表。这类网红包括媒体机构的名记者、主持人、评论员、编辑、虚拟 AI（Artificial Intelligence，人工智能）主持人等。比如央视主持人朱广权以及《主播说联播》中的李梓萌、新华社的 AI 新闻女主播、南方报业传媒集团丁建庭名记者工作室等。主流媒体打造的主流网红更加具有优势，凭借媒体原有的引导力和公信力，记者、主播等可以更好地发出声音，在讲好中国故事上更多元、更具有传播力和影响力。

（二）政府部门的主流网红

政府部门的主流网红包括新闻发言人、网红官员等。近几年，在不断变幻的国际环境下，我国外交部发言人的金句频频走红网络媒体，比如华春莹、赵立坚、汪文斌的陆续走红，不仅在国内国外圈粉无数，而且进一步传播了我国的外交故事，传播了中国声音。而伴随脱贫攻坚和全面建成小康社会，依托融媒体平台走红的网红官员也不断涌现，比如伊犁“策马雪原副局长”贺娇龙、河南光山县“网红县长”邱学明。

（三）政法系统的主流网红

政法系统的主流网红也不断走红网络，例如有很多公检法部门会经营自身的抖音号，泰兴市人民检察院的短视频品牌“晶晶说法”被评为全国检察十佳抖音号①。法律类的主流网红的出现也反映出我国社会对于普法的重视，起到为用户设置相关议事日程的作用。网红民生栏目、网红晚会节目中会产生一些主流网红，比如《谭谈交通》中的谭警官，他就是因在民生交通普法节目中的幽默趣事而走红网络，虽然曾引发争议，但客观上有助于法律知识的普及。还比如公安部门的网络红人利用短视频直播进行网络管理，并且推广安装国家反诈中心 App。类似的主流网红在短视频和网络直播中起到了示范和管理的作用，在一定程度上起到了肃清网络的作用。

（四）文体教育系统的主流网红

文体部门和事业单位如高校、医院等也出现不少主流网红。其中近年来高校网红不断出现，最早的可以追溯到于丹和易中天，之后有复旦大学因犀利的上课风格走红的陈果，以及武汉大学新闻与传播学院的陈铭等。

---

① 泰兴市检察院：《检察院里的“网红”抖音号》，https：//new. qq. com/omn/20210314/20210314A0941500. html，访问日期：2022 年 2 月 10 日。

对主流网红的分类，除了以上的几种之外，还可以从传播平台、生产内容等方面分类。对主流网红的分类，可以更加清晰地了解主流媒体及党政机关、企事业单位构建网红的基本情况。

第二节　网红的媒介形象呈现

作为网络环境中产生的一种社会文化现象，网红在其发展过程中呈现出不同的媒介形象，人们对其认识和评价也存在很大的差异。

一、网红媒介形象的复杂性

媒介形象，即 Mediated Image。这里的 Mediated 包含两层含义：第一，定义了“形象”本身乃是作为介质存在的；第二，定义了“形象”乃是通过“媒介”而存在的。“形象”本身作为“介质”存在意味着媒介形象横亘在人与真实的生活世界之间，构成对生活世界的遮蔽，致使人们不得不透过媒介形象体系来观察世界，从而取代了人们的生活世界的直观经验①。作为互联网技术的伴生品，网红媒介形象充满了复杂性，跟互联网一样充满争议。特别是微博、抖音等社交媒体的出现和发展，网红的媒介形象呈现更加多样，类型也越来越多，针对不同类型网红媒介形象呈现的评价也有所差别。

不同于以往任何时代媒介传播的风云人物和意见领袖形象，互联网的出现克服了以往所有媒介在时间和空间上的问题，因而网红的产生不再跟以往一样是单纯媒介赋能、媒介使用的结果，而是和技术互动、参与到媒介使用、推动信息生产和传播、与平台共动的产物。网红的演进历程与互联网技术的发展迭代始终亦步亦趋，使得网红群体形象天然带有媒介技术变革的发展印记和特质②。

---

① 吴予敏：《论媒介形象及其生产特征》，《国际新闻界》2007 年第 11 期。

② 敖鹏：《网红为什么这样红？——基于网红现象的解读和思考》，《当代传播》2016 年第 4 期。

二、网红形象与媒介语境

网红的产生、发展都离不开互联网，其形象与媒介语境有着深刻的依存关系。在一定程度上，网红形象是网络空间和参与主体共同建构的产物。

20 世纪 90 年代中期以来，得风气之先的港台网络文学写手的作品（如痞子蔡的《第一次的亲密接触》等）影响到内地，引发了一波又一波的网络文学热潮。网络文学的发展对传统文学的冲击是显而易见的，互联网的发展为当时非正统的文学写作提供了渠道，网络作家用平实、随意性极高的文笔引发了网民极大的崇拜。这一时期的网络红人虽然从文学写作上相比传统写作颇有离经叛道的意味，但并未脱离传统的内容生产的审美。

BBS 论坛的流行让其成为一些写手用来进行文字创作和思想表达的阵地，“新浪”“网易”等门户网站的文学频道的日作品发表人数成百甚至上千人。伴随着 BBS 论坛、小说网站的流行和发展，一些网络写手开始借助互联网平台进行文学创作，表达自己的思想。知名写手包括作家蔡智恒（痞子蔡）、玄雨、萧潜等。网文作者通过平民化的叙事使得网络文学与传统文学在审美构成、表意体制和时空观念上出现了根本性的区隔，以“词思维”和“自娱娱人”的新理念拉动了文学深层观念的调整①，这种调整也为互联网的泛娱乐化氛围奠定了基调，这一时期的网络平台所孕育的网络红人多呈现出离经叛道的媒介形象。人们对这些写手充满了新鲜感，其中不乏鼓励的、肯定性评价。

随着博客的出现，媒介的使用权力进一步下放，网络上开始流行文字配图片的表达方式，草根网红开始出现。芙蓉姐姐、凤姐等利用夸张的造型、出格的言论飞速蹿红，成为新一代网络红人。这一阶段的网络红人多呈现出雷人、媚丑等负面的媒介形象。

随着微博等移动社交平台的出现，短视频、直播平台的用户使用规模增多，网红开始成为一个泛化的概念。其媒介形象呈现也变得更加复杂，比如 2014 年左右在视频直播中出现的 YY 语音，六间房中以美颜直播、才艺展示为主的网红，2016 年左右在社交媒体平台中出现的以变声短视频形象描述家

---

① 欧阳友权：《数字媒介与中国文学的转型》，《中国社会科学》2007 年第 1 期。

长里短的 papi 酱，以及在各大电商平台进行直播的带货主播如李佳琦。

随着不同媒体平台的出现和完善，网红不再是某个单一平台使用人群的代名词，而逐渐演变成一个泛化的概念。以李子柒为例，如今的李子柒不仅代表微博上的视频博主，更代表由李子柒这一流量 IP 所衍生的一系列产品。

主流网红的出现则意味着主流媒体对网红这一产业的试水和进入。相比网红的商业价值，对主流网红的培养和推介则需要强调其社会公益属性。

第三节　网红媒介形象的动态演变

不同的技术手段、主体定位催生不同类型的网红和不同形态的网红行业生态，网红媒介形象属性与主体价值立场、媒介技术变化相关。

一、网红媒介形象特点

网红通过各种媒介向受众呈现自己的言行和形象，因此均具有自身的媒介形象特点。根据社会主流价值观对网红媒介形象进行分类，可以分为正面、负面和中性。总体来说，正面的媒介形象传递普遍意义上正确的价值观，即社会主义核心价值观；负面的媒介形象传递与上述相反的价值观，例如金钱至上、极端利己主义、消极的人生观等；中性的媒介形象基本无益无害，并不主动或有意传递某种价值观，但仍可能会产生一定的额外效应。

正面的媒介形象是指网红自身有意传播正能量，或被主流收编后承担了传播正面的社会主义核心价值观的责任。自身有意传播正能量的网红一般依托主流媒体或各级党政机关的新媒体矩阵，通过专业化的内容生产而走红网络，受到大量粉丝关注，舆论引导成效显著。例如来自政法系统、文体部门和主流媒体等的主流网红。共青团中央在 B 站等平台上打造的“团团”概念形象，央视新闻主播康辉、朱广权等体现的专业素养与贴近性特征，受到广泛欢迎，有很好的传播效果。而被主流文化收编后传播社会主义核心价值观的网红则大多为普通人。如讲好中国故事的典范李子柒，传播中华优秀传统文化、讲好中国故事是李子柒在记录日常生活之外被逐渐赋予的责任。在接受新华社采访时，李子柒说，在获得一定关注度后，才逐渐意识到并增加了非遗技艺的内容，“最开始做相关的东西并没有非遗的概念，那个时候拍的不过就是家里时常需要的，但其实这个就是传统文化，我们很多非物质文化遗产都是源自我们的生活”。总之，拥有正面媒介形象的网红都注重社会责任和社会效果，体现情怀与担当。

负面的媒介形象是指网红有意通过不符合主流价值观的言行塑造自身形象，以此吸引眼球。例如在短视频平台进行严格的内容审核之前，很多博主进行自虐等反常行为吸引眼球，博取关注。从 2009 年长相普通却因另类征婚广告走红的“凤姐”罗玉凤，到 2018 年靠疯癫言行走红的郭老师等，这些形象在骂声和追捧声中成为被受众认知和讨论的网络红人，他们的走红并非因为呈现出受众喜爱的理想形象，而是因为其另类、雷人的形象展现受到广泛关注。受众对其产生观看、凝视与讨论的欲望，是猎奇、狂欢心理共同推动的结果。

通过新事物来满足人们的好奇心理是人类求知和探索的内在驱动力之一，现代传播技术的发达使受众在日常生活中可以主动接受或被动推送大量信息，甚至出现信息过载，大量同质化的信息使受众无法对其进行围观和卷入。因此，一些网络红人试图通过强烈的视觉刺激和残酷的身体展演引起受众的情绪反应，更容易引发受众感同身受的情绪反应，从而产生有效真实的记忆、认知、态度和行为（包括点赞、评论、转发等）。通过表演性、视觉化、戏剧性的“图像事件”，制造戏剧化的、消费性的、参与性的表演行为，通过身体制造视觉奇观，引发社会围观[①]。受众出于猎奇心理对这些网络红人及其言行产生关注，并由于对其言行呈现出的媒介形象抱有不同的态度，而产生追捧或批评的态度，不同的评价在舆论场域中交织，形成激烈的交锋，且越猎奇的信息形成的争论越激烈，最终网络成为一个众声喧哗的狂欢场所。巴赫金认为，狂欢的外在特点表现在全民性、仪式性、等级消失和插科打诨，狂欢活动上的人们积极主动参与活动、打破常规和限制，放弃常规的生活，

---

① 刘涛：《身体抗争：表演式抗争的剧场政治与身体叙事》，《现代传播（中国传媒大学学报）》2017 年第 1 期。

打破严格的等级秩序，狂放不羁、载歌载舞①。以郭老师为例，她自创的“集美”等网络用语在社交媒体上广泛传播，成为一种全民性的流行用语，参与者通过言语符号（例如群体内的流行用语）、行为符号（例如在线上或线下空间的共同行动）等互相确认共同身份，形成群体意识，成为一种仪式性的插科打诨。受众和网络红人没有等级秩序，共同参与，推动了网红的流量递增和名气积累，形成一场双方都参与的狂欢。

但拥有负面媒介形象的网红只能在短期内博取受众的关注，其终会因为其造成的不良影响而被平台内容审核机制处理。2021 年 9 月 2 日，《国家广播电视总局办公厅关于进一步加强文艺节目及其人员管理的通知》发布，要求“坚决抵制违法失德人员，坚决反对唯流量论，坚决抵制泛娱乐化，坚决抵制高价片酬，切实加强从业人员管理，开展专业权威文艺评论，充分发挥行业组织作用，切实履行管理职责”②。同日，郭老师的抖音、微博等平台账号遭到永久封禁。

中性的媒介形象无益无害，不有意传递某种价值观。但受众对其进行意义的解读并整合进自身的日常生活中时，会产生额外的效应。例如在 2021 年爆红的网红“张同学”，一名生活在农村、已婚已育、在家做短视频创业的中年男人，在其创作的短视频中呈现的是简单真实的农村生活。他并没有有意传播正能量，也没有为赚取流量而传播低俗内容，属于中性的、无强烈价值取向的网红媒介形象。但受众对网红存在的意义进行个性化的解读，以不同方式把意义结合进每天的日常实践中并以这种方式赋予它们意义和价值③。例如有网友认为张同学的视频“太脏了，是在丑化农村形象”，但也有网友认为这是一种怀旧心理。2021 年 12 月 8 日“中国消防”官微点名指出张同学视频中的违规危险行为，12 月 9 日晚张同学用三轮车载人的行为引起“辽宁交警”提醒安全问题。受众对意义的解读也同样是网红媒介形象的一部

---

① 邓天虹：《短视频时代的审丑狂欢现象分析——以抖音“郭老师”为例》，《科技传播》2021 年第 13 期。

② 《国家广播电视总局办公厅关于进一步加强文艺节目及其人员管理的通知》，http://www.gov.cn/zhengce/zhengceku/2021-09/02/content_5635019.htm，访问日期：2022 年 3 月 2 日。

③ 斯图尔特·霍尔：《表征——文化表象与意指实践》，徐亮、陆兴华译，商务印书馆，2003，第 11 页。

分，因此中性的媒介形象同样可以辐射出某种价值观。

二、网红媒介形象变迁

在总体的正面、负面、中性的网红媒介形象中，其本质经历了生产性的偶像到消费性的偶像的变迁。

偶像的权威和作用在世界文明进程中早已存在，中国人在寺庙中祭拜佛像，埃及人祭拜木乃伊中死去的法老，基督教徒在心中敬畏上帝，偶像在民众心中都有自身的权威，而这种权威是通过媒介形象来传递的。偶像被塑造成媒介形象传播，具有特定的价值内涵。形象构成社会集体，构成第二自然，是对世界的新的安排和认知。因此偶像的存在是赋予日常生活秩序感，维持生活的价值和意义。偶像的形象无法被毁掉，它们可以在艺术品、文本、叙事和记忆中存活下来[①]，这也是他们的力量所在。偶像又可以分为生产性和消费性两种。

生产性的偶像来自生产性领域，他们是“被视为可以效仿而达到成功的榜样”，“有意成为具有教育意义的典范”，这种偶像具有更多的“纪念性和颂扬性成分”，而且“生活在急剧变化的时代，人们焦虑地寻求确定性”[②]，这也是在多元混乱的价值观中受众追寻秩序感的一种方式。生产性的偶像价值在于其对社会创造的生产价值，而非消费价值，例如劳模偶像形象即是因其自身作出的卓越社会贡献而成为具有教育意义的典范。

消费性的偶像是商业化浪潮带来的新形象。传统的偶像符号存在于人们心目中，拥有被崇拜和信任的魅力和权威，印刷术的出现不仅使得艺术品的灵韵消失，也使得偶像的形象不再是高贵的、触不可及的，而可以被大量复制、被大部分人所拥有，甚至因此具有了新的商业价值。通过对某一形象产品的生产、流通和交换，偶像符号变成了消费符号，人们对这一形象的崇拜与购买，都是对其进行消费的方式。在互联网和移动终端发达的技术语境里，偶像的可消费范围拓展开来，其媒介形象本身已成为一个整体产品概念，偶

① W. J. T. 米歇尔：《图像何求：形象的生命与爱》，陈永国、高焓译，北京大学出版社，2018，第1页。

② 利奥·洛文塔尔：《文学、通俗文化和社会》，甘锋译，中国人民大学出版社，2012，第154页。

像自身的人设等均成为紧密关联的、具有排他性的符号，可以进行 IP 的打造。正如米歇尔所说："形象的商品化把图像变成了拜物，给它们剩余价值，成为意识形态幻想的承载者。"①

消费型的偶像不属于社会的基本需求行业，他们没有完美的外在形象或其他类型的文化资本、社会资本、经济资本，可以自主塑造自己的形象并在互联网得以广泛传播，即普遍意义上的草根网红。普通、真实、非虚构是这些网红最典型的特征，与受众之间的距离因而被大幅拉近。社会世界中的事件和话语，是主题性故事的材料，又是通过对文类逼真的顺从而要求观众加以承认的手段②。作为景观的网红是被观看的客体，也是被消费的客体，要求的是被看、被欣赏、被爱、被展示③。此时，偶像只是一种被观看的事物，它并不是鼓励更多的行为，而是"作为我们必须接受的东西介绍给我们，是好奇和娱乐的养料"④。受众围观这些网红的生活，不自觉将其看作身边存在的人，面对偶像不需要距离感和尊敬感，甚至似乎已经与其成为朋友，形成一种拟社会交往，并在与其互动中拥有了私人交往的快感，因而增加其为网红贡献流量、金钱等价值的动力。但这种交往和消费是一种资本主义工业娱乐，终究只是通过消费的手段，掩盖现实生活中真正存在的问题，受众和网红象征性地进行互动，而一切都被转换为平台的金钱和资本。

三、网红背后多重因素的交互作用

早期在晋江等文学创作网站上出现了网络文学红人作者，在豆瓣、贴吧、微博等社交平台上出现了文字网红博主，图片传播方式盛行之后出现图文并茂的草根网红博主，普通人可以通过自行上传图片树立自己的媒介形象，移动终端和社交媒体普及带来新的移动社交方式，网络红人进入富媒体传播时代，图片、文字、短视频、直播等多矩阵自我呈现，网红媒介形象更多来自团队打造或 MCN 机构孵化，网红产业链成形。媒介技术对网红形态的变更起到促进和限制的双重作用，新的媒介技术和平台的普及为新形态、新形象的

---

① 米歇尔：《图像何求：形象的生命与爱》，第 1 页。
② 霍尔：《表征——文化表象与意指实践》，第 11 页。
③ 米歇尔：《图像何求：形象的生命与爱》，第 1 页。
④ 洛文塔尔：《文学、通俗文化和社会》，第 168 页。

网红提供土壤，孵化出具有相应媒介技术平台风格的网红。媒介技术一方面激发调动网红的潜质，另一方面用技术形态推动网红的表现和行动，促使网红的表现力放大为影响力①。

无论使用什么技术平台，网红能够得到受众的注意和追捧，取得社会、经济、文化资本，都在于契合了受众在消费文化中的社会心理需求。在现代社会中，传统的血缘关系转变为趣缘、业缘等契约关系，人与人之间的心理距离增加，变成了原子化的个体存在，因此，群体意识是现代社会中大众的普遍心理需求，而媒介内容、符号消费带来的群体归属感是其中较为简易的一种方式。受众对网红进行消费，实际上是一种虚拟的情感投入。互联网传播带来同质群体的聚集和异质群体的排他，拥有不同兴趣爱好和价值取向的趣缘群体有不同的信息需求，因此，受众及其需求的多样化也催生了多样化的网红类型。网红及其孵化公司在互联网各平台中跑马圈地，目的是打开不同群体的市场，吸引每一个互联网使用者参与到网红的打造和消费中来，填补特定的市场需求，不留下一点拥有消费潜力的空白市场。受众被卷入消费场域中，在满足自身情感、娱乐需求的同时，成为消费主义狂欢中的参与者和贡献者。

网红从个人化、小众粉丝推动到进入大众视野，商业资本的运作是最直接的推手。在消费文化的浪潮中，网红行业已形成完整系统的产业链条，在网红生产传播的过程中，商业逻辑贯穿始终，资本成为网红狂欢的推手和受益者。因此，不同的经济导向导致网红媒介形象的呈现有所改变。在网红萌芽阶段，网红内容生产的营收和盈利模式单一，基本上来自直接打赏；在网红发展期，网红行业探索多元的变现方式，例如通过广告进行受众的二次出售等；在网红繁荣期，网红成为团队营销的产物，网红开始进行产业化运作；在网红井喷期，大资本介入投资，内容呈现 IP 化。至此，原本个性化的网络红人，最终成为商业化生产链上的一个可替换元素，网红的生产已经不再是个性化的表达，网红生产的内容也不只是满足各兴趣爱好需求的内容分享，而是满足商业需求的低成本、批量、重复内容的生产，以求在大量的生产中出现一个顶级网红，便可为资本赚回成本。资本、MCN 公司、网红个人、受

---

① 敖鹏：《网红的缘起、发展逻辑及其隐忧》，《文艺理论与批评》2017 年第 1 期。

众成为一条产业链上的四个环节，共同生产一个网红媒介形象，不同群体受众的注意力被大规模圈养，以便后期变现。此外，商业化的网红内容创作和网红媒介形象不再止于满足受众需求，更是像广告一样，创造受众需求，提示受众通过消费追逐新的形象、新的群体身份。

网红媒介形象呈现上述变化的背后，是技术变迁、文化、经济推动因素综合作用的结果，网红及其背后的团队或公司在对三者的考察、互动和磨合中寻找利益最大化的方式，进行选择性的自我形象呈现，最终形成一个不断变化、不断流动的网红媒介形象群和行业生态。

第四节　网红媒介形象呈现的内在张力

网红群体以自己真实的身份和独立的社会形象进入了社会话语体系之中，其自我展演和行为实践，呈现复杂的向度，包含正面和负面价值取向共存的内在张力。在文化层面，网红文化在带动互联网经济、发展互联网文化、鼓励网民彰显个性方面起到了一定积极作用，但其中也存在泛娱乐化、消费主义等诸多隐忧。在经济层面，网红经济为我国互联网产业带来活力的同时，也可能面临伦理失范的陷阱。因此，对网红媒介形象呈现进行辩证思考显得尤为重要。

一、对负面化网红媒介形象的反思

（一）市场利益取向：泛娱乐化导致的流量至上

传播权力下沉进一步诞生了许多网红，由于网红媒介形象具有多面性，负面的网红媒介形象会出现破坏社会规则、扭曲价值观导向等一系列问题，其中就包括受市场利益取向影响导致的娱乐趋同性显著。

尼尔·波兹曼在《娱乐至死》中曾指出何为泛娱乐化：“一切公众话语日渐以娱乐的方式出现，并成为一种文化精神。我们的政治、宗教、新闻、体育、教育和商业都心甘情愿地成为娱乐的附庸，毫无怨言，甚至无声无息。”

在泛娱乐化背景下，娱乐至死现象急需我们反思。媒介畸形的“受众为王”和“饭圈文化”逻辑首先表现在网红文化生产环节，目前许多网红及平台受经济利益驱使，发布内容及直播内容更多以娱乐为导向，向流量热度看齐。其中，由于算法及受众取向，大部分的流量集中于爆款网红的头部流量上，因此在众多网红发布的内容中出现了高度同质化现象，甚至抄袭复制风盛行。

此外，这种“受众为王”和“饭圈文化”逻辑还表现在网红文化消费过程中，网民容易产生攀比、跟风心理以及娱乐狂欢等现象，尤其表现出盲目消费和非理性。为了迎合大众，网红平台和网红的“背后推手”逐渐忽视自身作为“把关人”的责任，不择手段地包装网红或助推网红的不道德行为以博取公众的关注。当下的网红已异化为消费主义浪潮中资本获利的重要工具，通过机械化复制和生产被塑造成供人娱乐消费的产品，造成了当下网红的泛娱乐化乱象①。随着网红流量至上的价值取向的延伸发展，娱乐价值被推至前台，使万物皆可娱乐，在这一唯娱乐导向的背后，许多真正有价值的文化被冷落看待②。

（二）身体消费影响：审美逐渐病态化

随着网红的出现和发展，身体消费现象逐渐显现，受网红自身的越轨行为、受众媒介素养较低等因素影响，这种身体消费逐步导致了受众的审美病态，价值导向扭曲。

网红娱乐与符号化消费紧密相连，网红成了消费商品，受众在网红所设置的文化场域中进行不自觉的消费和再生产，然后网红以各式各样的后现代主义文化特征为符号，比如“颠覆”“快感”“猎奇”等，使受众沉浸在网红这一文化商品的象征意涵中进行消费，从而产生快感③。“人们感到痛苦的不是他们用笑声代替了思考，而是他们不知道自己为什么笑以及为什么不再思考。”正如赫胥黎在《美丽新世界》中所言：“在这一消费快感影响下，受众渐渐失去了深入思考的能力，越来越沉迷于虚假环境中。”

---

① 敖鹏：《网红的缘起、发展逻辑及其隐忧》，《文艺理论与批评》2017年第1期。

② 张蕾：《互联网经济背景下网络直播泛娱乐化乱象治理》，《财富时代》2021年第12期。

③ 郑姣：《后现代语境下“网红经济”的繁华与迷思——基于消费主义的批判视角》，《新闻战线》2016年第24期。

鲍德里亚曾指出："后现代社会，美的身体得到充分展示，大大满足了视觉对身体的渴望与消费。女性身体的社会建构，是属于女性处于整个父权社会中所受到的隐性规训和凝视，是隐藏在女性的日常生活中的一种人们习以为常的现象。"其中包括对网红以身体为资本的消费。例如以"网红脸"为代表进行的审美绑架和同质化。以大眼睛、双眼皮、尖下巴和高鼻梁为相貌特征的"网红脸"曾在一定程度上绑架了大众的审美，使许多人看到网红的相貌之后，出于对自身相貌的不自信或是偶像崇拜，选择去整形医院进行医美手术来改变自己的外貌长相。除此之外，在穿着打扮的审美上，也出现过"粉丝"购买"网红"同款衣服入迷现象。最终，在社会中出现的每一个独立的个体都不知不觉被单一的审美裹挟，呈现相似的外表。此外，除了有"审美"的过程，也有"审丑"的过程，有网红凭借"审丑"心态进行的相应表达引起了极大的关注，当"审丑"形成又一狂欢之时，将使得受众的审美出现粗俗化，并对传统正统主流的审美文化产生不可预估的影响。

在网红经济中，网红与资本的合谋表演，给予身体消费以当代的合法化展示，美貌在资本的操纵下成为"变现"利器，在个体生活中过度拔高容颜的意义，将容貌特质鼓吹为个体不可或缺的核心资产，更强化了大众对于感官文化的迷恋，也增加了整个社会过分重视外表美的浮躁气息[①]。

（三）刻板印象影响：网红被污名化及标签化

当下对于网红的刻板印象依旧存在，即对网红进行污名化和标签化。污名就是对特定人群表现出的观念固化以及偏见歧视的过程，首要表现为施污者对受者群体有大体一致的负面印象标签，而忽视了其组成个体是否符合这个印象标签[②]。其中，刻板印象和歧视性偏见是污名化过程中非常重要的表现形态。在对网红进行污名化的过程中，主要包括三个方面：受众、网红自身、媒体。

从受众角度，因为媒体报道框架中的网红负面媒介形象呈现以及网红自身的越轨行为影响，受众对此进行能动的选择解读，从而对网红产生了一系

---

① 郑姣：《后现代语境下"网红经济"的繁华与迷思——基于消费主义的批判视角》，《新闻战线》2016 年第 24 期。

② 李志娟：《冲突理论视角下的网络"污名化"探析——以网红为例》，《山西科技》2017 年第 3 期。

列刻板印象，比如认为网红“夸张”“拜金”“炫富”等。在中国青年报的调查中，70.4%的受访者明确表示无论在现实中还是网络上，都不希望自己成为网络红人。从受众出发，由点及面，使得网红群体背负了偏见歧视，从而形成了印象上的偏差，在网红媒介形象呈现及呈现反馈上都展现出对网红的污名标签及刻板印象。

从网红自身角度，网红刻板印象的形成离不开网红自身这一主体的自我污名。在面对污名标签时，网红通过自身的越轨行为不断强化和印证这一污名形象。比如网红通过夸张、恶搞等颇具争议性的行为来迎合受众，吸引流量，从而导致网红污名化印象加深。网红自身提供越轨行为，并主动实施自我污名，这些越轨言行会源源不断地为媒体和公众提供污名素材。

从媒体角度，媒体利用新闻框架建构对网红的媒介形象描述，传递网红的越轨行为信息。随着媒体对网红这一群体“放大镜”以及“贴标签”式的报道，使得受众接收这一媒介形象呈现，从而固化了受众对于网红所感知的污名化标签，导致对于网红的污名现象越发明显。

（四）价值观扭曲现象：秩序混乱和伦理失范问题

网红媒介形象呈现出负面特征时，会导致网络平台消极情绪积攒，从而影响群体的认知，其中包括网红伦理失范对主流价值观的遮蔽现象。首先是以低俗不雅行为、穿着暴露等为代表的网红自身的道德失范问题；其次是网红呈现内容的低俗化导致平台秩序混乱问题；最后是平台公司层面助推网红传播不良内容，导致受众的价值观被扭曲，主流价值观被遮蔽问题。

网红经济之下，一系列秩序混乱和伦理失范问题也逐渐显现。在众多一夜成名的网红背后，更多是对于传统伦理的冒犯，网红们不择手段地在以极端方式吸引注意力的同时获得更广泛的知名度，如以脱衣、性暗示等方式，达到走红的预期目的。一系列具有争议性、低俗化的网红内容流向受众，比如在网红发布的内容中，不乏没有原则以及与主流价值观相背离的现象。他们用博人眼球的方式方法，引起大众的关注，从而提升知名度变成网红，又因为网红的“一夜爆红”和“一夜暴富”的现象，给受众营造了一种可以不劳而获的错觉，给社会带来浮躁的气氛，加深了社会的功利风气。

网红文化理应成为先进文化的代言者，但是网红文化明显呈现为传统文化的缺位、先进文化的隐位以及庸俗文化的越位，导致主流文化与非主流文化之间的价值遮蔽，突出表现为物质文化挤占精神文化、历史虚无主义思潮遮蔽革命精神文化、舶来文化遮蔽本土文化①。

二、对主流网红媒介形象呈现的展望

（一）打造主流网红的必要性

网红媒介形象呈现存在许多负面性，例如重利轻义、金钱至上、消极人生观等。为了解决目前存在的问题，提高网红的公益属性显得尤为重要，其中就包括有针对性地培育主流网红，体现主流媒体的社会责任感和使命感。

首先，打造主流网红能有效承担社会责任，培育良好的价值观。网红泛滥的当下，主流媒体借助自身的优势打造正能量网红可以向社会传递正确的价值观，承担起社会责任，掌握话语权。因为相较于一般网红，主流网红因其平台赋予及自身所承担的公信力和影响力，会更多地承担公众人物的社会责任和义务。因此，主流网红可以有更多的约束，传递的内容更加客观真实，导向也更加正确，符合社会主义核心价值观，能有效促进社会的健康有序发展。

其次，打造主流网红可以深化媒体融合。培育主流网红能有效促进平台建设及媒体融合，提高主流媒体的新媒体平台的影响力，也能促使媒体平台更多进行媒体的融合创新，其中包括传播主体与新兴传播媒介、传播技术之间的融合性发展，加快推进新型主流媒体的高质量发展。

最后，打造主流网红有利于壮大主流思想舆论阵地。“网络传播已经成为现代社会主要传播方式，网络舆论已经是舆论的主要组成部分，网民已经是主要传播对象和传播的参与者”，因此网上新闻舆论已经成为宣传思想工作的重中之重②。媒体通过打造主流网红，可以有效地传递正向舆论。

---

① 刘孝菊、侯梦晗：《网红文化的价值困惑与价值自觉》，《思想政治教育研究》2019 年第 35 期。

② 樊宇超：《媒介视角下“网红记者”的形象建构与传播——以 CMG 央视记者王冰冰为例》，《采写编》2021 年第 11 期。

（二）对塑造主流网红的展望

首先，在媒体平台层面，新媒体时代背景下，人人都是自媒体，人人都有麦克风，传播格局已经从“传者中心”转向“受者中心”，因此传统主流媒体的转型升级之路要进一步深化，主流网红的形象建构与传播就为传统发展模式开阔了新思路，也为媒体提供了新的“名片”和“符号”，进一步提高传统主流媒体的影响力和引导力，倡导多元化的价值观。在未来的传播体系中，主流媒体要擅长用市场思维来解决当前的问题，需要有专业的内容团队保障持续稳定的内容输出，打磨、强化、巩固人设记忆。媒体还要继续探究发展的新路径，为讲好中国故事、提高我国国际传播能力不断努力。比如：在选拔人才时，可以着重选拔那些具备全媒体能力、有互联网思维的优秀人才作为主流网红的储备力量；注重记者的个人特点，形成差异化发展，可以为不同的记者量身打造节目，并配合相应的包装宣传；对已经成为主流网红的人才提供足够的后续支持，避免主流网红发展只是昙花一现。

其次，在主流网红层面，作为主流舆论和主流价值观的引导者，主流网红要自觉承担社会责任，打破网红低俗形象，提升内容品位，传播正能量，把握网络舆论引导权。坚持自身良好的专业素养和品行，搭建主流意识形态与网民之间的桥梁，有效传递正面声音和主流价值观。此外，要避免过度“网红化”现象。

最后，在受众层面，要撕掉对网红的刻板印象标签，辩证看待新事物，营造积极开放包容的社会氛围，倡导多元价值观。

第三章
主流网红素质与评价标准

第一节　网红发展现状

第二节　打造主流网红的必要性

第三节　主流网红的综合素质与评价标准

第四节　规范化管理促进网红生态健康发展

随着全媒体传播的逐渐深入，网红的发展也进入了新的阶段，跨平台、专业化运作的网红市场成了主流。分析网红发展的现状以及给社会带来的影响，能够更好地了解网红所形成的传播环境的特质，对加强网红的正向引导提供一定参考。

第一节　网红发展现状

互联网的发展为网红的兴起提供了技术和平台。“分布式”的互联网结构形成了“去中心化”“分权化”的新媒体，实现了用户赋权，用户不仅能够随时随地分享内容，还能够建立强有力的社交关系。大量的新媒体平台是网红诞生的集散地，微博、知乎等社会化媒体平台以及短视频直播平台兴起，各类用户可以进行信息分享和交流，从而促进网红百花齐放。

一、各领域网红的特点

随着 B 站、抖音、虎牙等视频直播平台产品的出现，网红发展进入了全媒体阶段，各类型的网红层出不穷，无论是种类还是数量，都呈现出遍地开花的态势。目前，大量网红在各自领域都获得了广泛影响，按不同方式区分有以下几种领域：

按经营的平台区分，网红可分为以小红书为代表的图文网红、以 B 站为代表的视频网红、以抖音或快手等直播平台为代表的直播网红、以知乎为代表的问答网红等。媒介的发展带来多样化的平台和表现形式，网红能够根据自身擅长的技能进行形象经营，因而也催生了多样化的平台网红。平台网红的特点是在各自平台上享有一定的知名度和粉丝量，并生产适配于平台形式的内容，如短视频平台领域网红主要生产时长短、故事性强的内容。

然而，当下传播环境更集中于全媒体传播和跨媒介叙事，网红的发展也不再局限于单一平台，跨平台生产传播成为平台领域网红发展的趋势。一方面，一个平台爆火的内容会快速经过其他用户的搬运，给网红带来一定的知名度和粉丝。另一方面，平台间传播形式和内容的重合，也促使网红不再囿于单一平台，而是进行多平台布局。

按生产的内容区分，网红主要分为时尚颜值、幽默娱乐、知识分享、影视解说、剧情创作、日常生活等几类。这些网红在自身领域深耕，进行垂直化内容创作，吸引相应的受众。网红们通过创建社群、评论互动等方式形成强有力的粉丝黏性，利用自身领域内的产品进行变现。

体量巨大的网红及市场加剧了各领域内容网红的竞争，网红保持长期的关注度需要真正的才华，源源不断地推出具有代表性的作品①。内容生产网红则更需要垂直化发展和专业化运作，实现优质内容生产。

二、网红与粉丝的共生关系

粉丝作为网红诞生的关键因素，与网红紧密相连。网红初期依靠自身特点累积粉丝，用户因一定的心理情感需求而成为粉丝，粉丝的需求和互动也进一步影响网红的内容生产和知名度。总体而言，网红与粉丝是相辅相成、相互影响的共生关系。

（一）粉丝的心理情感需求

粉丝的需求主要表现在以下几个方面：

1. 知识的需求

从实用角度而言，用户成为粉丝是因为网红具有他们所需要的内容，其中知识需求较为突出。理财、美妆、科技等专业领域网红生产的内容触及用户想要学习的领域，用户为了获取知识而选择成为其粉丝，近几年兴起的知识付费现象正是知识需求的现实注脚。

2. 认同归属的需求

互联网的发展催生了丰富的文化图景，使得各类文化和现象能够交流和共存。用户在网络虚拟空间中有寻求认同和获得归属感的需求，自身喜好领域的网红恰恰是获得认同的重要途径之一，由网红延伸出的社群也给予了粉丝交流和互动的渠道，进而产生强烈的归属感。

---

① 郑文聪：《“网红3.0”时代的特征及受众心理》，《新媒体研究》2016年第6期。

3. 精神寄托的需求

从情感的角度来看，很多用户将网红作为自己的精神寄托和学习对象[①]。网红所展现出的形象和生活，会让粉丝产生向往之情，成为粉丝的情感投射。“想要成为她一样的人”“很向往她的生活”等类似想法，是将网红作为精神寄托的突出表现。

（二）网红与粉丝的共生影响

1. 网红的目的：吸引粉丝

一方面，网红展现自身形象和特点的主要目的就是获得一定的关注度和粉丝量，以实现自身价值。因此，网红本身需要生产粉丝所喜爱的内容，并与粉丝进行互动，增强其黏性。另一方面，在经济资本的作用下，“网红—粉丝”的二维商业逻辑大行其道，网红会通过带货广告、自营商品等形式获得利益，而这恰恰也是网红吸引粉丝的目的。粉丝的质量、购买力、对网红的信任度，都影响网红变现的效果，因而网红更需要建立起粉丝信任的形象，满足其需求来实现变现目的。

2. 粉丝的制约与影响

（1）粉丝选择促就网红

网红之所以能够成为网红，很大程度上由粉丝进行选择。正是粉丝的关注和流量才带来网红的知名度和影响力。基于自身的情感和喜好，粉丝会向身边人群进行推荐，为网红带来二次传播，从而增加其粉丝量。

（2）粉丝影响网红内容生产

网红的持续发展需要得到粉丝的认同和信任，因此其内容生产和形象塑造会在一定程度上迎合粉丝的需求。粉丝对网红的内容生产和行为能够提出自身的建议和意见，从而形成两者互动后的内容生产。

三、网红群体的生存状况

（一）网红类型丰富，个性需求得到满足

新媒体平台催生了一批又一批的网红，这一群体在各个领域逐渐泛化，

---

① 吴宝：《“网红”文化现象的生成逻辑与受众群体心理探究》，《洛阳理工学院学报（社会科学版）》2021 年第 4 期。

一些专业人才也纷纷入局。据统计，截至2021年底，国内短视频上传用户超7亿。另有数据显示，中国直播带货主播多达100万左右，其中近半数主播的粉丝数不足1万人，大多数直播带货主播的月收入在8000元至1.5万元之间①。网红市场逐渐发展壮大，生产的内容也越来越多样化，用户也可以根据自身的需求获取信息。垂直化、粉丝前馈化的网红内容生产，满足用户个性化的信息需求。这也反映出目前网红市场的激烈竞争，新入局的网红难以在短时间之内获得较高的关注度，想要获得长远发展还要依靠原创、新奇的内容输出和别具一格的个人形象塑造。

（二）网红形象转变，重塑就业观念

网红市场的发展带动传统观念转变，吸引到更多的用户参与到其中，也潜移默化地改变了用户心中诸如“凤姐”这样哗众取宠的网红形象，当下的网红已成为一个新型工种，能够依靠自身的努力获得回报，出现了李子柒、丁真等优秀的网红角色，极大地转变了网红的负面形象。在国家“大众创业、万众创新”的政策号召下，自媒体创业、网红创业也成为一种全新的创业就业途径，吸引越来越多的人群加入其中。

（三）平台监管加强，相关法规约束

目前，网红的发展带来了一定的乱象，如低俗化有害内容的传播、虚假宣传、直播造假等。对于这些乱象，相关的管理和约束已进一步完善：平台自我管理意识增强；微信、抖音等新媒体平台强化内容把关，自觉加强平台与用户管理；倡导网红的责任意识；对产生负面影响的网红采取账号关停等措施。同时，国家也出台了相关规定和办法，如《网络信息内容生态治理规定》突出了对内容生产的相关规定。2021年5月25日起施行的《网络直播营销管理办法（试行）》要求，直播间运营者、直播营销人员应当加强直播间管理，不得含有违法和不良信息，不得以暗示等方式误导用户。未来，网红须明确角色责任，提升自身的媒介素养，积极生产正向内容。

---

① 李凤芹：《人数多达100万？港媒：中国网红财富和影响力究竟几何?》，https://k.sina.com.cn/article_2375086267_8d90f0bb02001fblr.html，访问日期：2022年3月3日。

（四）网红专业团队化，机构运营普遍化

网红经济的产生以及规模化，网红内容生产结构优化升级，初期单一作战的网红模式难以长久。团队化、标准化的网红运作模式使得网红的内容策划和持续生产成为可能，依此产生了 MCN 机构专门负责网红的运作和商业变现①。如早期网红 papi 酱所成立的 papitube 就是一个典型的 MCN 机构，旗下签约大量网红，保障内容的持续输出，最终实现最大化的商业变现。

第二节　打造主流网红的必要性

主流网红可谓网红界的一股清流，个性化打造主流网红不仅是媒体融合发展的需要，也是满足受众精神世界的需要。主流网红有“颜值”，接地气，可在一定程度上把握受众的注意力，做到有效的“好感传播”。主流网红也注重发挥自身的专业价值，推出系列拥有内容价值的高品质融媒体作品，从而更好地弘扬主旋律，释放正能量。主流网红进军互联网主流舆论阵地，也是主流媒体推进融合发展的重要探索路径。打造主流网红，是适应新时代、新阶段下新闻传播语境变化的需要，同时也展现了主流媒体在媒体格局改革创新发展背后的自觉与担当，更是坚守与壮大互联网舆论主阵地的积极举措，这也将不断提升主流媒体的传播力、引导力、影响力和公信力。

一、主流媒体推进融合创新的重要一环

随着传统媒体和新兴媒体的融合发展，人类进入飞速发展的社交网络 3.0 时代，新闻传播的语境正发生着深刻的变化，碎片化、互动性、直观性的特征日益显著。移动互联网下，受众手握“主动选择权”，俨然成为媒体融合语境下的主导角色，其选择权和参与感日益提升，对媒体产品的个性、

---

① 黄芙蓉、张维熙：《自媒体时代网红传播与网红经济发展模式探究》，《新闻前哨》2021 年第 8 期。

表达和特色的重视程度也越来越高。在网络直播领域，各类网红拥有坚实的粉丝基础，庞大的流量支撑也为他们带来了超乎想象的价值变现能力。

过去以报纸、广播、电视为基础的传统媒体报道形式因互动性低、沉浸感弱在受众心中形成了刻板印象，而主流媒体如果继续坚持僵化的报道形式，就有失去自身传播力和影响力的可能。面对报道形式亟须转型的现实挑战，主流媒体在网红诞生的模式中受到了启发，开始了在新闻报道中打造主流网红的探索之路，通过创新新闻报道形态来促进媒体的融合发展，从而赢得受众的注意力。

近年来，网红记者、网红主持人等正在成为争夺年轻受众注意力和主流媒体推进融合发展的重要推动力。2019 年 4 月，湖南卫视前主持人张丹丹与湖南广播电视台娱乐频道合作入驻抖音，开设抖音账号“张丹丹的育儿经”，仅 4 个月就拥有超过 200 万的粉丝，成为母婴垂类的头部账号，成为湖南娱乐转型 MCN 的典型案例。该案例在广电行业引发了广泛的关注，也是主流媒体进驻短视频平台，打造 IP 化记者、主持人的初期探索尝试。

内蒙古广播电视台新闻综合频道《新闻天天看》的出镜记者海燕，她有着 15 年的工作经历，主要负责民生新闻的报道。2020 年 7 月，海燕以台里的融媒改革为起点，进行从出镜记者到新媒体主播的角色转换，且以“寻人”为主题对个人账号进行垂直类运营。在成功帮助山东双胞胎姐妹花找到失散 39 年的内蒙古家人之后，海燕成为全网记者第一短视频大号和快手平台第一个百万粉丝记者主播。

作为中国国家通讯社和世界性通讯社，新华社在大力推进媒体融合发展的创新道路上，不光打造了新华社客户端等系列终端平台，推出了适应移动互联网生产的“现场新闻”样式，也开始有意识地推出一批自主打造的网红产品①。2021 年初，新华社记者张扬凭借颜值和扎实的业务水平在社交网络上火速走红，如她以全国“两会”、西藏之行、三星堆等为报道内容的微博话题——“小羊在鲜花舍”阅读量高达 1.2 亿。在 2021 年、2022 年“神十三”发射与返回的两次战役性报道中，张扬工作室共播发了近 50 条稿件，在

① 徐晓惠、周继坚：《新华社：适应传播新语境 打造主流“网红”》，《传媒评论》2017 年第 3 期。

全网收获了超5.5亿的浏览量和超450万的互动量[①]。

站在行业内许多成功案例的肩膀上，越来越多主流媒体正在借势抖音、快手、微博、B站等新媒体平台，创新新闻内容报道形态，充分利用受众喜闻乐见的短视频等多种传播方式，进一步布局主流网红记者、网红主持人的发展之路，通过“好感传播”拉近主流媒体与受众之间的距离。而在传受距离缩短的背后，打造输出专业性内容、释放评论性内容的主流网红成为媒体门面，初衷依然是最大范围地扩散主流媒体的传播力和影响力，顺势而为地推动媒体平台的融合发展，这也是主流媒体与新媒体平台的合作共赢。

二、培养全媒型专家型人才的应然要求

当今的媒体竞争对人才提出了更高要求，新闻舆论工作者要努力成为全媒型、专家型人才。复旦大学黄瑚教授认为，全媒型新闻人才，是指具备全媒体的，即多元的新闻传播理念、知识与技能的新闻人才；专家型人才，是指除了具备全媒型新闻传播理念、知识与技能之外，还具备政治、法律、经济、管理、社会乃至现代科学技术的理论、知识与技能的新闻人才[②]。打造主流网红的发展道路，实际上就是把“培育全媒型、专家型人才”从概念变成实操的过程，也是契合释放全社会创新创业创造动能的时代号召之体现。

中国的新闻报业发展史上涌现过许多优秀的名记者、名报人。早期著名报人邵飘萍开办报纸和通讯社，不仅精通新闻业务，而且善于经营管理，在新闻实践和新闻教育领域皆取得了卓越的成就。民国初年最杰出的名记者代表黄远生，被称为报界之奇才，其在新闻业务方面以擅长撰写新闻通讯而著称，是我国新闻通讯的奠基人，在新闻思想方面提出“四能”说，即脑筋能想，腿脚能奔走，耳能听，手能写。梁启超作为维新派报刊的宣传主将，主办《万国公报》《中外纪闻》，在戊戌变法时期主编《时务报》，推动了维新

---

① 王若辰：《星辰大漠的见证　新华社张扬工作室如何成为“爆款制造机”》，《新华每日电讯》2022年5月25日第4版。

② 黄瑚：《创新新闻教育理念培养全媒型、专家型人才》，《光明日报》2016年4月8日第2版。

运动的发展，为近代报刊业的发展作出较大贡献。1985 年，安徽人民出版社出版了《中国当代十大名记者》，其中的领衔人物是曾任新华社社长的穆青，他堪称政治坚定、引领时代、业务精湛、作风优良的新闻工作者代表，在讴歌时代、为时代书写、为人民立言方面作出了杰出贡献。

网络时代，记者干的还是专业性的活，专业的活要有专业的人，专业的人要有专业精神。新时代的新闻专业精神可以概括为："政治过硬、本领高强、求真务实、创新突破"。这种精神包含敬业、职业、专业"三业精神"①。面对网络舆论中的"非理性""情绪化"因子，生产专业化内容的主流网红将承担着导向和示范作用。真实、客观、公正、平衡等专业准则，是评价主流媒体核心竞争力的重要指标，主流网红遵循新闻专业精神，其成功打造也将有助于媒体自身的核心竞争力提升。

三、占领互联网舆论主阵地的新锐力量

全媒型人才的培养，不单纯是技术的提升问题，而且是需要重新考虑如何培养未来新闻人才在危机和挑战中继续承担社会责任和维护公共利益的问题②。主流网红正是未来全媒型人才的又一缩影。如南方报业传媒集团启动的"南方名记培育工程"，实行南方名记工作室制度，改变了以往传统报人"单打独斗"的工作形态，让"名记者"摇身一变成为团队核心。团队内部实行"专业记者 + 技术人才 + 服务团队"的人员配置，强化人的融合，强调提供新媒体全案服务。

以南方名医帮项目组为例，南方报业传媒集团的主流网红侧重从用户思维出发，关注如何更到位地传递健康资讯，以满足用户需求为前提提供精准服务，跳出了传统纸媒记者"一事一报"的模式。洪奕宜工作室更是整合南粤警视、南方日报等多方资源，推出案件类短视频节目《洪记鉴证》，以"名记者"主讲的方式，结合公安厅的独家档案、音视频资料，打捞细节，解密要案，挖掘幕后。

充满正能量又有大流量的主流网红，通过入驻 B 站、抖音以及推出互动

① 徐江善：《新闻专业精神：全媒体时代的困惑、突围及前景》，《青年记者》2021 年第 23 期。

② 黎勇：《全媒型人才培养的三个维度》，《青年记者》2017 年第 10 期。

视频等融合青年文化的方式，为主流内容拓宽了受众面，调动了公众参与社会议题的积极性①。这股新锐力量轻松而又自然地表达，释放出内容或故事的魅力。

第三节　主流网红的综合素质与评价标准

打造符合时代要求和人民期望的主流网红形象，一方面需要主流网红提升综合素质，另一方面也要建立相关评价标准，如此方能更好地发挥其弘扬正能量、唱响主旋律、推动互联网场域清流涌动的积极效用。

一、主流网红的综合素质

（一）政治素质

不同于普通的网络红人，主流网红必须提高自身思想觉悟和政治素养，坚定政治立场，坚持正确的政治方向，坚守网络阵地，扮演好主流舆论引导者和核心价值观引领者的角色。

提升政治素养，首先要坚持正确的政治立场和政治方向，把党和人民的根本利益摆在首位，用优质的内容产品鼓舞人。其次，要坚定理想信念，高举中国特色社会主义伟大旗帜，将理想信念作为精神动力，用正确、科学的理论武装头脑。最后，要提高政治敏感度，增强政治鉴别能力，在大是大非面前坚定原则信念，敢于并善于同不正之风作斗争，坚守互联网舆论阵地。

在会见中国记协第九届理事会全体代表和中国新闻奖、长江韬奋奖获奖者代表时，习近平总书记对新闻队伍建设提出了明确希望，强调要做党和人民信赖的新闻工作者，这对主流网红来说同样应该牢记于心。面对鱼龙混杂的互联网传播生态，主流网红理应坚持正确政治方向，具备高度的政治定力

① 李越：《主流媒体“网红记者”的传播路径与角色转变——以央视记者王冰冰为例》，《西部广播电视》2022 年第 4 期。

和政治能力，努力做到“在众声喧哗中提供思想的‘坐标系’，在多元观念中确立价值的‘主心骨’”①，不负党和人民的信赖与期望。

（二）文化素质

在“人人都有麦克风”的时代，网红的文化水平良莠不齐，为追求“一夜爆红”发布低俗内容的现象频频发生。而主流网红凭借良好的文化底蕴和气质涵养，提高了网红群体的整体文化水平。

良好的教育水平，是主流网红需要具备的基本文化素质。《中国新闻事业发展报告（2022 年发布）》显示，中国媒体从业人员结构向年轻化、高学历方向发展，百万主力大军素质、能力更优。如新华社总社内设机构和国内分社中，硕士研究生及以上学历的员工超过 40%②。此外，许多机构单位还将名校背景、留学经历等作为招贤纳才的硬性条件，可见主流媒体对高学历人才愈发青睐，拥有高等学历文凭、接受过良好的文化教育，已然成为主流网红的“标配”素质和核心竞争力。

“腹有诗书气自华”，主流网红需要提升内在文化涵养。近年来，文化领域的主流网红备受关注，吸引了大量粉丝群体。以央视“文化造星”为例，通过着力推出《国家宝藏》《朗读者》《中国诗词大会》等大型文化节目，打造了董卿、武亦姝等具有深厚文化修养的主流网红，引领优秀传统文化与新时代文化的对话交流，掀起了全民文化学习热潮。对此，主流网红更应有意识地提升自身文化素养，博览群书，汲取知识，积淀所学，丰富内涵，拓宽眼界视野，深耕专业领域，生产高雅文化内容产品，传递主流价值观。高度的文化自觉与文化自信，赋予主流网红底气和勇气。

（三）专业素质

全媒体不断向纵深推进，对主流网红及其团队提出了更高、更严苛的要求，只有持续提升专业素质，掌握多项专业技能，才能灵活应对数字时代的种种挑战。

① 《培育“主流网红”彰显媒体担当》，http：//www. wenming. cn/wmpl_pd/whkj/201702/t20170220_4066122. shtml，访问日期：2022 年 3 月 7 日。

② 中华全国新闻工作者协会：《中国新闻事业发展报告（2022 年发布）》，http：//www. zgjx. cn/2022 -05/16/c_1310592108. htm，访问日期：2022 年 3 月 7 日。

加强专业素质，应该从打好自身专业基础开始，扎实掌握媒体从业者的各项基本功，如采写、拍摄、编辑、播报、视频剪辑制作、公众号排版推送等基本技能，做到业务水平过关；在熟练运用专业技能的基础上，增强自身学习能力，领悟新媒体传播规律，主动学习移动直播、虚拟现实、人工智能、大数据、云计算等数字媒体技术，多途径汲取新知识技能；注重培育互联网思维，提升创新能力，掌握新技能、拓展新渠道、输出新内容、打造新形象，结合专业度和创新性，走在时代前列，引领传媒新风尚。

除了要有过硬的专业素质和基本技能，主流网红还要将“四力”（脚力、眼力、脑力、笔力）作为提升专业能力的新要求，努力将自身打造成为业务精湛的全媒体、专家型人才。具体而言，在“脚力”上走进基层、深入群众，扎根现实生活，拓展网络群众路线；在“眼力”上洞察秋毫、明辨是非，看清网络形势，占领舆论制高点；在“脑力”上深思熟虑、多思善谋，灵活进行议程设置，把控把关网络话语；在“笔力”上善于表达、妙笔生花，创新内容生产方式，适应分众化、差异化趋势。

（四）道德素质

新媒体行业如今正处于蓬勃发展阶段，但繁荣背后也存在不少乱象，网红言行失范、人设崩塌事件屡见不鲜，互联网传播风气亟待纠偏。对此，提高对主流网红道德素质的要求，加强主流网红社会责任感的培育，对保证主流网红长期健康发展、营造良好互联网传播氛围而言显得至关重要。

首先，主流网红应当从自身做起，树立正确的世界观、人生观、价值观，增强公德心，培育高尚的道德情操，提升个人道德素质和文化素养，践行社会主义核心价值观。

其次，主流网红应该为广大人民群众树立良好的道德榜样，努力成为互联网领域的道德模范，要严格约束自身言行举止，不过分追求娱乐化、网红化、轰动效应，坚决反对唯利是图、金钱至上、享乐主义、靠低俗内容博人眼球谋取利益等不良现象。

最后，主流网红应该增强社会责任意识，不断提升道德境界，自觉远离和抵制歪风邪气，创作生动、真实、正面的媒介内容产品，认真履行好传递社会正能量的责任义务，完成好引导舆论和弘扬价值观的重要使命。

提升道德素质，履行社会责任，是主流网红应对行业道德失范、网红集体“翻车”等乱象的有效预防举措。只有具备高尚的道德素质，主流价值观和社会正能量才能被更好地传播，媒体行业和互联网传播环境才会日益清朗。

（五）法律素质

主流网红不仅要遵守宪法和国家基本法律法规，还要学习掌握相应的传媒法规和互联网法律法规。在传媒法规上，主流网红可以参考专业学者和相关部门提出的传媒法例和伦理规范，如2016年由中共中央宣传部政策法规研究室、国家互联网信息办公室政策法规局、国家新闻出版广电总局政策法制司等多个单位合编的《新闻传播法规汇编》，对新闻管理领域有关法律法规、部门规章、规范性文件、司法解释和自律性文件进行了全面梳理，具有重要的参考价值和指导意义。

主流网红要认真学习互联网法律法规，落实国家网信办、广播电视总局等部门出台的各项管理规定，自觉遵守《中华人民共和国个人信息保护法》《中华人民共和国数据安全法》《中华人民共和国网络安全法》《信息网络传播权保护条例》《互联网信息服务管理办法》《互联网新闻信息服务管理规定》《互联网直播服务管理规定》《关于加强网络视听节目直播服务管理有关问题的通知》《关于加强网络秀场直播和电商直播管理的通知》等各项法律法规和管理规定，做到守法遵规。

除了加强法律法规的学习，主流网红也要注重将法律意识落实到行动层面，在传播活动中彰显法律素质，大力弘扬法治精神，宣传法治文明。

二、主流网红的评价标准

在媒体积极推动名记者、名编辑、名主持等人员向主流网红转型之际，“什么样的人才是主流网红”等相关问题也成为业界讨论热点。对于主流网红的评价标准，已有许多媒体人和团队用亲身实践探索了可行路径。其中，南方报业传媒集团的“南方名记培育工程”尤其引人注目。

如何遴选“南方名记”？南方报业传媒集团给出了三大标准：一要有“颜值”，朝气蓬勃，活力四射；二要有素质，有较强的专业媒体素质、新媒体应用素质和服务用户素质；三要有气质，腹有诗书，心有用户，肩有担当。该集团同时提出了三点“尖兵”希望，即要成为深耕主业、开拓创新和融合发展的尖兵[①]。这三大标准、三点希望，从精神风貌、专业素质、内在气质、传播能力等方面，为评价主流网红提供了全方位的参考，具有重要的借鉴意义。

结合学界业界现有经验，对主流网红的评价可以从以下几个方面展开：

一是政治定力与责任意识。即坚持正确立场、保持正确方向，能够在面对复杂的网络生态和多变的国际形势时，保持政治定力、锤炼政治能力[②]。同时，要将社会责任放在首位，践行社会主义核心价值观。

二是个人形象。既要有阳光开朗的外在形象，也要有朝气蓬勃的精神风貌、良好的文化素质和内涵修养，要以正面积极的形象示众，给受众留下良好的第一印象。

三是专业能力。要具备主流知识的创新生产能力，在深度思考、积累资源的基础上创新文本阐述与数据表达方式；要具备跨界运作能力，共享与整合跨界资源，融合各方，协同运作；要具备全媒体运营能力，借助全媒体平台矩阵进行立体传播，实现产品与团队的高效运营。

四是传播力、引导力和影响力。不仅要有个人传播力、引导力和影响力，在自身领域内有一定权威性，打造独特有竞争力的个人品牌IP，还要有一定的社会影响力，能够在互联网大环境中占据舆论高地，坚守话语权主导地位。

五是价值效益。主要包括：经济效益的生产，如直播带货助农增收，推动乡村振兴；文化价值的创造，如演绎经典历史情景，促进文化传承；社会效益的形成，如记录人民幸福生活，营造和谐社会氛围；等等。

此外，还可以从人格魅力、服务意识、国际视野等方面展开考察，通过逐步完善评价体系、提高评价标准，培育出适应当前发展趋势的全媒型、专家型人才，打造新媒体时代的主流网红。

---

① 丁建庭：《打造“主流网红”，唱响“南方声音”——以“南方名记·丁建庭工作室”为例》，《青年记者》2017年第10期。

② 段瑞忠：《新闻工作者更要有政治定力和政治能力》，《山西经济日报》2021年10月1日第6版。

第四节　规范化管理促进网红生态健康发展

商业网红背后往往有资本利益的运作，由于这一行业的规范不够健全，存在监管漏洞，网红群体不可避免地存在良莠不齐的情况，可能会出现有失公德甚至违法的现象。

主流网红则有着天然的优势，具备“根正苗红”的属性，且拥有行业内顶尖的专业能力，往往不会像社会上一般的网红主播出现人设崩塌的风险。

一、主流网红发展的未来趋势

主流网红在网络世界占据着越来越多的流量和话语空间，其运作也会愈发规范，在行业认可的规则下蓬勃发展。

首先，主流网红将会在未来逐渐成为主题宣传的叙事重点之一。习近平总书记在全国宣传思想工作会议上强调：“要树立大宣传的工作理念，动员各条战线各个部门一起来做，把宣传思想工作同各个领域的行政管理、行业管理、社会管理更加紧密地结合起来。”① 打造主流网红正在成为宣传思想工作创新的有力手段，也是塑造网络清朗环境的重要抓手，不仅能够避免近来层出不穷的明星、主播失德甚至违法的现象，也能够在网络舆论场更好地传递正能量，把互联网打造成更加和谐的话语空间。

其次，主流网红未来可能与乡村振兴深度融合，助力乡村振兴，彰显网红的主流价值。2020 年底因一条短视频而走红的藏族少年丁真，随后成为理塘县的旅游大使，为当地旅游贡献力量。同年 11 月 25 日，丁真为家乡拍摄的宣传片《丁真的世界》正式上线。丁真的横空出世和该宣传片在网络世界的传播，极大推动了理塘的旅游产业，“理塘”搜索量在 2020 年 11 月最后一周猛增 620%，比同年国庆假期翻了 4 倍。此后，丁真时常登上央视和各大

① 习近平：《论党的宣传思想工作》，中央文献出版社，2020，第 18 页。

卫视节目，并在全网受到欢迎。

以丁真、李子柒等为代表的、反映乡村真实生活的网红，在我国的乡村振兴战略中将承担起更多的责任，扮演的角色将会越来越重要。在推进乡村振兴的进路中，打造主流网红不仅是增创媒体新价值的重要突破口，还是强化平台的传播力和影响力的有效途径。主流网红就像主流媒体的扩音器，不仅大大提高了主流媒体的声量，更让具有主流价值的思想传递得更广更远。尤其是根植于乡村的主流网红，对“三农”群体有着天然的共情力与号召力，有助于增强主流媒体在“三农”领域的舆论话语权。

再次，未来主流网红的打造将会对现有商业网红打造模式提出挑战。在推进媒体深度融合的背景下，主流媒体的传播阵地逐渐向互联网和移动互联网转移。为了占领新的传播高地，打造网红记者成为主流媒体共同的着力方向。新闻传播是媒体的主要职能，这也意味着媒体对主流网红形象的塑造不可能按照传统的商业模式进行。主流媒体的优势在于其议程设置的功能，可以借助特稿、消息、评论等多种体裁的新闻作品，强调主流网红的个人故事和动向，进行深入且细致的报道。通过主流媒体对主流网红 IP 的建构，进一步丰富主流网红的 IP 形象。同时在对主流网红内容的推广上，主流媒体往往会结合自身平台优势，针对平台受众属性，将内容推广至抖音、快手、微博、微信客户端、新闻客户端、官方网站等平台，联动其他传统媒体进行内容发布，通过主流媒体与优势平台的集体引流，推动主流网红 IP 形象迅速“出圈”。

随着主流媒体培育网红工程的展开，现有的商业网红打造模式必将受到挑战，也许会倒逼 MCN 机构重新审视网红的培育孵化模式，向主流媒体机构看齐，共同促进网红主播行业的健康规范化运行。

二、有关部门出台规范措施

当前网红最常见的活动之一便是直播，带货、营销也成了当前电商活动的重要环节。针对网络直播和网红经济飞速发展的状况，有关部门近年来出台了一系列规定，加强规范管理。

在互联网开始逐渐进入大众生活的时候，我国也在探索规范行业的道路。自 2004 年 6 月 18 日开始实施的《中国互联网行业自律公约》（以下简称

《自律公约》)，就是为建立互联网行业自律机制，规范从业者行为，依法促进和保障互联网行业健康发展而制定的[1]，该公约由中国互联网协会执行。《自律公约》提出的13条自律条款可以看作是对互联网行业从业者的基本要求，是行业底线。

有关部门针对网络直播出台的规章主要有：中国广告协会于2020年发布的《网络直播营销行为规范》（以下简称《规范》)，国家互联网信息办公室、公安部和广电总局等七个部门于2021年4月发布的《网络直播营销管理办法（试行)》(以下简称《办法》)。《规范》侧重于为从事网络直播营销活动的各类主体提供行为指南，《办法》则意在加强网络直播营销管理，促进网络直播营销健康有序发展，其内容涉及对直播营销平台、直播间运营者、直播营销人员及服务机构等的管理。

（一）遵纪守法，弘扬社会正能量

《办法》第三条指出，从事网络直播营销活动，应当遵守法律法规，遵守公序良俗，遵守商业道德，坚持正确导向，弘扬社会主义核心价值观，营造良好网络生态[2]。

主流网红在参与直播营销活动时，不仅需要遵守以上规定，更应该倡导更多的网红和互联网从业人员在工作中做到这些内容。

《规范》的第三条内容如下：网络直播营销活动应当认真遵守国家法律、法规，坚持正确导向、诚实信用、信息真实、公平竞争原则，活动内容符合社会主义精神文明建设和弘扬中华民族优秀传统文化的要求。鼓励网络直播营销平台经营者积极参与行业自律，共同推进网络直播营销活动社会共治[3]。

对于主流网红而言，在参与直播带货、营销活动时，更要以身作则，参与符合法律法规的活动，坚持社会主义精神文明建设的要求，不做虚假宣传，传播正能量。

---

① 《中国互联网行业自律公约》，https：//baike. baidu. com/item/中国互联网行业自律公约/1842222？fr = aladdin，访问日期：2022年3月9日。

② 国家互联网信息办公室等：《网络直播营销管理办法（试行)》，http：//www. cac. gov. cn/2021 - 04/22/c_1620670982794847. htm，访问日期：2022年3月9日。

③ 中国广告协会：《网络直播营销行为规范》，https：//www. china - caa. org/cnaa/showinfo/zlgz9，访问日期：2022年3月9日。

（二）熟知禁忌，审慎选择内容，自觉规范言行

《规范》第四条详细指出了网络直播营销活动中所发布的信息不得包含以下内容：（1）反对宪法所确定的基本原则及违反国家法律、法规禁止性规定的；（2）损害国家主权、统一和领土完整的；（3）危害国家安全、泄露国家秘密以及损害国家荣誉和利益的；（4）含有民族、种族、宗教、性别歧视的；（5）散布谣言等扰乱社会秩序，破坏社会稳定的；（6）淫秽、色情、赌博、迷信、恐怖、暴力或者教唆犯罪的；（7）侮辱、诽谤、恐吓、涉及他人隐私等侵害他人合法权益的；（8）危害未成年人身心健康的；（9）其他危害社会公德或者民族优秀文化传统的①。

主流网红要严格遵守这些规定，不仅在行动上切实地做到，更要从心灵上深刻认识在遵守规定的情况下传播信息的重要性和必要性。

《规范》第二十三条则提出，主播在直播营销中应坚持社会主义核心价值观，遵守社会公德，不得含有以下言行：（1）带动用户低俗氛围，引导场内低俗互动；（2）带有性暗示、性挑逗、低俗趣味的；（3）攻击、诋毁、侮辱、谩骂、骚扰他人的；（4）在直播活动中吸烟或者变相宣传烟草制品（含电子烟）的；（5）内容荒诞惊悚，以及易导致他人模仿的危险动作；（6）其他违反社会主义核心价值观和社会公德的行为②。

主流网红的社会责任感应该更强，在参与直播时必须时刻规范自己的言行，以身作则，遵守社会公德，用自己的传播力去正向影响观众，做好带头作用。

（三）关注未成年人，正向引导

《自律公约》中的第十一条为：“互联网上网场所经营者要采取有效措施，营造健康文明的上网环境，引导上网人员特别是青少年健康上网”③。无论是互联网的从业者还是使用者，抑或是平台和网红，都需要身体力行地保

① 中国广告协会：《网络直播营销行为规范》，https：//www. china - caa. org/cnaa/showinfo/zlgz9，访问日期：2022 年 3 月 9 日。

② 中国广告协会：《网络直播营销行为规范》，https：//www. china - caa. org/cnaa/showinfo/zlgz9，访问日期：2022 年 3 月 9 日。

③ 《中国互联网行业自律公约》，https：//baike. baidu. com/item/中国互联网行业自律公约/1842222？fr = aladdin，访问日期：2022 年 3 月 9 日。

护未成年人，共建一个对青少年有益的互联网环境，传播有益青少年身心健康的信息。

《规范》要求直播信息中不得有危害未成年人身心健康的内容，《办法》也关注到了未成年人这一群体，其在第十二条提出，直播营销平台应当建立健全未成年人保护机制，注重保护未成年人身心健康。网络直播营销中包含可能影响未成年人身心健康内容的，直播营销平台应当在信息展示前以显著方式作出提示[①]。网红、直播营销者应该重视未成年人的引导问题，积极发挥正向引导作用。

（四）维护信息真实，保护消费者的合法权益

《规范》第五条指出，网络直播营销活动应当全面、真实、准确地披露商品或者服务信息，依法保障消费者的知情权和选择权；严格履行产品责任，严把直播产品和服务质量关；依法依约积极兑现售后承诺，建立健全消费者保护机制，保护消费者的合法权益。第二十五条则是主播在直播活动中，应当保证信息真实、合法，不得对商品和服务进行虚假宣传，欺骗、误导消费者[②]。

网络营销作为营销活动的一种，不能损害消费者的权益，而更需要维护消费者的利益。当网红参与带货时，必须严格选品，在产品质量上严格把关。主流网红更需要有个人“品牌意识”，在参与直播营销时，要注意真实性、合法性，不透支自己在粉丝群体中的声誉和信用[③]，才能得到公众的信任，起到良好的带头作用。

三、平台参与规则制定与落实

直播营销平台对自身进行管理，是很有必要的。平台的要求能够促使其主播规范自己的行为，对于整体环境的健康发展有重要作用。

---

① 国家互联网信息办公室等：《网络直播营销管理办法（试行）》，http：//www.cac.gov.cn/2021－04/22/c_1620670982794847.htm，访问日期：2022年3月9日。

② 中国广告协会：《网络直播营销行为规范》，https：//www.china－caa.org/cnaa/showinfo/zlgz9，访问日期：2022年3月9日。

③ 郭延禄、罗公利、侯贵生、王晓彤：《“种草”与“翻车”：网红直播带货的产品质量问题与治理研究》，《中国管理科学》2021年9月网络首发。

按照《规范》第三十四条，平台需要做到：（1）遵守法律法规，坚持正确导向；（2）建立和执行各类平台规则；（3）加强本平台直播营销内容生态审核和内容安全治理；（4）规范主播准入和营销行为，加强对主播的教育培训及管理；（5）明确本平台禁止的营销行为，及对违法、不良等营销信息的处置机制；（6）依法配合有关部门的监督检查，提供必要的资料和数据①。

平台自身也应该积极主动地探索与推行规范条约，如斗鱼平台发布《网络直播自律公约》，希望主播和平台能够携手营造一个健康和谐的直播环境。该公约中对主播直播的内容和行为禁忌进行了简洁说明，对于规范平台上的直播环境能够起到一定的作用。

抖音、快手和京东也于2020年作为首批倡议企业联合发布了《网络直播和短视频营销平台自律公约》，约定共享严重违法主播及其他经营者信息，加强短视频平台与传统电子商务平台的协作，加强直播和短视频平台与政府部门的信息共享和协作。该公约还要求直播和短视频平台比照电商平台经营者的管理责任，研究制定行业管理规则，主动规范自身及相关主体的经营行为。

平台的自律能够推动网络整体环境的良性发展，对从事网络活动的各主体来说也有约束作用。主流网红们不仅要谨慎选择平台，在直播、发布视频时也要注意遵守公约、规范，追求商业利益并不应成为主要目标。主流网红与其合作平台之间也应相互督促，监督平台加强服务规范，努力提高服务水平，促进行业健康发展。

四、主流网红可持续发展的路径

对网红而言，“走红后如何继续保持流量”始终是一个绕不开的命题。“社交媒体1%定律”注定了绝大多数网红必然在一个时段内过气的命运，毕竟网红群体是社交媒体中可替代性最强的部分②。

主流网红自身应当积极提升专业能力，持续提升知识素养。与此同时，

---

① 中国广告协会：《网络直播营销行为规范》，https：//www. china - caa. org/cnaa/showinfo/zlgz9，访问日期：2022年3月9日。

② 高永彬：《打造产业网红IP，彰显乡村振兴主流价值》，《南方传媒研究》2021年第3期。

还应深入到人民群众的日常生活中，不做高高在上的红人明星，而是要持续用粉丝对自身的关注度为人民多做实事。例如出生于广东省湛江市徐闻县的电视台主播“菠萝妹妹”王小颖，因频繁出镜为徐闻菠萝带货而成为网红，走红后持续代言荔枝、龙眼、香蕉、柑橘等广东各地特色农产品，2020 年全年直播带货过百场，被评为“广东扶贫公益主播”。

在打造网红的实践中，主流媒体同样面临着不小的挑战。传统媒体在转型过程中必然受到成熟 MCN 机构商业模式的冲击，而主流媒体的社会责任也使得其不能完全效仿只专注流量的网红培育模式。因此，主流媒体在打造网红的过程中会受到一些约束，但这些约束也确保了主流媒体打造出来的网红有着更好的专业素养和更小的失德风险。

主流媒体打造网红的重点首先在于用户体验，要突出主持人个性，用轻量化、新鲜温暖的呈现方式带给观众舒适的观看体验。另外，主流媒体可借鉴商业 MCN 机构的运作模式，按照“内容为人设服务”的 MCN 业务逻辑，建立起“有人设的内容”和“有内容的人设”的工作意识，加强内部挖掘，孵化 IP 人设。同时，如果主流媒体希望巩固有强大影响力的 IP 人设形象，就须要用市场思维来解决当前的问题，须要有专业的内容团队保障，持续稳定地输出内容，打磨、强化、巩固人设记忆，并搭建专门的运营团队，对接不同用户属性的流量平台。

打造主流网红，还可以与社会面商业网红运作机构展开合作。在合作过程中，MCN 机构应当注重主流网红的社会责任，不能以一般商业网红“博眼球”“博出位”的创作思维进行推广，更不能沉迷于流量池，尊崇“流量至上”而忽视社会影响。正如《丁真的世界》制片人马志科所言，他们希望丁真在传播上的生命周期能延长，不被快速消费，保留那份纯真感。拍摄方和当地达成了共识：不做娱乐化炒作，不直播，不带货，不写花边新闻，不搞绯闻八卦，而是在巨大漩涡里找回最原始的丁真。

对于专业的网红运作公司而言，培育主流网红应当在遵循互联网传播规律的同时，更注重价值观的传递，要基于网红自身个性踏实做好内容，通过团队运作把控内容生产质量，不盲目跟风，不哗众取宠，唯有如此才能让主流网红更加“长红”。

第四章 主流网红的创意策划与内容生产

打造优质的内容，始终是主流网红的核心竞争力。实现主流网红的优质内容生产，既离不开历史维度下技术改进的考量，更离不开时空维度下内容生产流程的层层把关。从找准定位以实现主流网红内容生产的精细化、专业化，到预先策划以全方位为网红内容生产提供可操作性方案和脚本，再到选择最佳的生产方式以为具体内容传播提供优势渠道，进而对所传播内容的叙事文本特点进行针对性分析，寻求其间的共性与异处以博采众长，最后着眼于用户互动与后续运营以根据反馈实时调整内容生产的方向与策略，这些便是主流网红优质内容生产的逻辑和环节。

第一节　在时代坐标中找准定位

找准定位亦是网红内容生产所应坚持的第一要义，唯有明确自身传播的具体内容，瞄准目标受众需求，以及灵活精准选择传播渠道和平台，方可做到高质量内容生产，实现多渠道分发，从而扩大传播范围，形成传播点，进一步提高影响力。主流网红相较于普通大众网红，其最大的优势在于依托主流媒体或官方新媒体矩阵进行发声，具备更加稳定扎实的受众关注基础，且所生产和传播的内容更具权威性和公信力，为主流网红更好地进行内容创作提供了坚实的保障与定力支撑。

基于此，主流网红内容生产的定位应立足于多角度、多层面，以实现全方位的综合锚定。首先是受众定位，受众的关注永远是第一位的，应密切关注受众的需求与反馈，能动地进行内容传播，打造高黏性的受众群体；其次是功能和风格定位，即网红人士在坚持传播主流价值观的前提下，依据所属机构性质、个人特性等明确自身所生产内容的功能划分，选择合适的表达风格；再次是区域定位，基于地理空间维度，根据媒体机构、网红自身所属地域及地方受众的特点进行内容生产，通过打造区域网红传播地方声音与特色；最后是平台定位，主流网红应紧紧围绕主流媒体及其他机构的自身属性、价值定位及传播特点进行内容创作，力求内容与平台型媒体传播精准适配，以做到有的放矢，提升传播效果，从而真正实现主流网红内容生产的精细化、专业化和优质化。

一、受众定位：精准用户画像，关切细分需求

受众定位是指以受众需求为基础而确定目标接受人群，在信息传播活动中以受众为中心满足受众获取信息需要的行为。受众定位的标准并非严格限制或统一化，但值得注意的是必须明确受众的区域定位、职业和身份定位、年龄定位和文化教育程度定位等方面的基本情况①。受众的关注度直接关联着内容的传播效果，网红亦需要依托于足量的粉丝受众支持才可被称为网红，故主流网红在找准定位过程中的首要环节毋庸置疑是进行受众定位，即须明确具体面向谁进行内容生产，即服务对象是谁的问题，从而根据目标受众的关注与需求倾向进一步调整与落实内容生产与传播的具体操作路径。

在媒介技术快速发展的背景下，大众传播已经逐渐实现由“大众化”向“小众化”的转变，传统的大众化、统一化、普适化传播已经不能实现理想的传播效果。与此同时随着互联网的发展阶段逐渐进入“下半场”②，“上半场”中实现的“人人皆可传播”的媒介环境状态从深入人心逐渐游离开来，进一步发生着变化，受众在接收信息并能动地进行传播的同时，主动挣脱“信息茧房”束缚的意识愈发强烈，而对于多元化、个性化、精细化和专业化的信息需求越来越高。基于此，主流网红在内容生产时明确目标受众的划分标准并对其进行细分是打造高黏性受众群体的关键。

在目标受众的确定过程中，主流网红作为内容生产者首先应充分考虑多方面的影响因素，包括地理区域环境影响受众接触信息的频率，明确稳定受众与非稳定受众；人口状况从性别、年龄、职业、文化程度等层面进行细分，明确不同属性受众群体的关注特点；依据受众不同信息需求可明确一般受众和特殊受众，着力在垂直细分领域深耕打造受众黏性；根据受传行为和互动参与等明晰现实受众和潜在受众，挖掘出更多可传播的潜在用户；综合衡量所生产的内容在传播时所能达到的覆盖率与触及率，圈定核心受众与边缘受

① 李良荣：《新闻学概论》（第六版），复旦大学出版社，2018，第 311—314 页。

② 刘婷、王秀影、姚建惠：《“知识网红”：互联网“下半场”主持传播的新角色》，《东南传播》2019 年第 6 期。

众，以做到有的放矢。主流网红充分利用自身权威性的优势，更加精准地根据受众关注和真实需求生产创作出传播力、影响力强的优质内容。

精准的受众定位是实现主流网红内容生产生发出源源不断的旺盛生命力的关键，是其在新媒体时代环境下生存与发展的重要基石。平台型媒体中B站UP主坚持在垂直细分领域深耕的受众定位战略对于主流网红进行内容生产具有较为突出的参考价值与意义。中国政法大学教授罗翔是知识类主流网红的典型代表，其创建的“罗翔说刑法”B站账号，以定期发布普法类短视频作为内容生产的输出点，结合B站平台用户偏向年轻化的特点，其内容以贴切青年的选题为主，并辅以网络用语的灵活使用，强化了受众定位，形成了高黏性的社群，该账号不仅实现了一天粉丝破百万，且以六个月破千万刷新了平台的“最速千万粉”纪录，截至2022年6月其粉丝量已高达2122万[①]。而在此之前同样值得关注的是著名的军事理论家、军事评论家、国防科技大学原教授张召忠致力于国防教育和军事科普，所创办的“局座召忠”自媒体号秉承“关注国际时事热点，致力于爱国主义国防教育”的宗旨，真正将其定位为年轻人的军事科普平台，其账号在各平台的粉丝总数量超4000万。2020年9月中旬，张召忠的各平台账号先后停止更新，但其内容生产、传播的经验仍能给人一些启发。

二、功能定位：明确角色责任，实现主流引导

功能定位即主流网红在内容生产中所要担负的职能和应发挥的作用，在明确目标受众需求和传播目的的基础之上进一步聚焦某一特定的功能领域，明确自身所应扮演的角色地位，即所生产的内容为什么值得受众关注，可以为受众提供何种功能作用，是主流网红实现传播效益的指向性规定[②]。与此同时通过对一个细分领域的聚焦，可以形成滚雪球效应，从而将散落在不同时空中对该领域感兴趣的受众借助新媒体平台跨越时空局限聚集起来。

根据霍夫兰的传播与说服研究，传播者的身份越权威，受众则越容易被

① “罗翔说刑法”，https：//space. bilibili. com/517327498/video，访问日期：2022年3月9日。

② 李晓明、谷晓东：《新闻媒介的受众定位与功能定位》，《学术交流》2003年第5期。

说服[①]。基于此，主流网红在为目标受众提供服务时相较于一般的传统媒体或权威机构从业者、大众网红有着成为网络意见领袖更加独特的优势，一方面是其所属主流媒体和官方机构的权威性，使其成为注意力信息的权威发布者、独有资源和人脉优势的持有者；另一方面是具备专业领域的突出造诣和网红化的表达技巧，在保证权威的同时生产具有公信力和高准确性的内容，在垂直领域形成话语权且拉近了与受众之间的距离，从而更好地为目标受众提供服务。

基于马斯洛的需求层次结构理论，主流网红内容生产的功能作用可涵括满足受众基本信息需求、在内容传播中实现互动共鸣、依凭娱乐内容满足愉悦身心的情绪需求、通过知识科普满足受众求知提升需求以及最终起到主流价值观的引导作用。除了以满足受众需求为基础，主流网红在生产创作并传播信息内容时进行功能定位受到多重因素的综合影响。首先是受主流网红所属媒体集团及党政机关功能性质的影响，第一要义是需要为受众提供一手的主流权威信息资讯；其次是受所传播的具体内容的影响，不同的内容所起到的功能作用不同，因此要求主流网红坚持“内容为王”的发展战略；最后是受主流价值观的影响，决定着主流网红应该积极生产优质的内容，倡导主旋律，传播正能量，始终以引导大众树立正确的主流价值观、营造良好的社会舆论生态为最终目标。

人们对信息的需求越来越高，媒介素养亦进一步得到提高，更加注重提升类的优质内容，故更多地通过阅读主流网红自媒体号发表的文章或者观看其发布的直播视频以拓宽知识面，寻求情绪共鸣以提升自我修养，因此受众对于知识类网红的关注度亦不断攀升。B 站密切迎合学习浪潮，自 2020 年 6 月 5 日建立知识区以来，鼓励创作者多内容、多创新地生产科普视频，吸引了众多参与者，且流量不断，为知识类主流网红提供了极佳的孵化与传播平台。以知识类网红罗翔为例，其“罗翔说刑法”账号开设的栏目明确所应发挥的功能，以多样化的内容为平台受众提供服务：一是结合当下社会热点讲解刑法知识，如《韩国 N 号房事件的罪与罚》密切关注当时热点，深入浅

---

① 毕维娜：《罗翔走红的传播学分析——以“罗翔说刑法”为例》，《视听》2021 年第 7 期。

出，以独特方式满足受众获取即时新闻资讯的基本需求；二是刑法科普内容，既回应了对刑事司法感兴趣的粉丝受众的关切，又以通俗易懂的讲解对普通受众起到了知识科普作用；三是以“法外狂徒张三”的案件举例，生动形象、轻松幽默地讲解案例中的法律知识，既具有鲜明的记忆点又增添了受众的代入感；四是视频末尾提出与刑法相关的问题与受众互动，使受众发挥出能动性，尊重感得到满足；五是价值观念的输出，其中《我们为什么要读书?》这一期视频在B站的播放量高达1266万余次，评论量达14万余条，传播正确的价值观，引导社会公众积极向上。

显然，主流网红在内容生产过程中对其功能进行定位并非一蹴而就的，而是需要综合多重因素的考量，坚持将社会责任放在首位，依凭独具的权威性基础优势，由浅入深、层层递进满足受众的关注与需求，让受众真正能够从所传播的内容中获益，增强受众黏度，若加之以有效的舆论引导，集聚化的粉丝受众又会反哺主流网红自身及内容的口碑和其所属的媒体集团和党政机关，通过二次传播提升其影响力。

三、风格定位：个性理性表达，增进传受共鸣

风格定位是依托目标受众、具体内容、传播功能以及网红主体自身性格特质等多方面综合选择的结果，以增加关注度、提升传播力为最终目标。在信息庞杂、注意力泛滥的媒介环境影响下，与灵活多样的社交媒体平台相匹配的是大众喜闻乐见、轻松易懂的表达与呈现方式，因此鲜明的风格特点才能真正在面向受众时形成独特传播点，从而使主流网红在众多内容生产的细分领域中脱颖而出，形成圈层化、差异化、高黏性的受众群体。

鉴于主流网红主要定位为依托主流媒体或各级党政机关、企事业单位的新媒体矩阵而走红的人士，而大多数情况下，主流媒体及权威机关的语态是严谨且严肃的，简洁精练是其最为基本的标准，所以在这一方面要求主流网红在进行内容表达时要符合法律法规、社会风俗、媒体和机构定位以及主流价值观等。但与此同时，相较于传统的主流机构工作人士，打造的主流网红融合了社交媒体平台的新型传播特点，更加注重个性化的展示，其语态亦更加年轻化、生活化、接地气，具有鲜明的个人风格，由大众传播转向人际传播，呈现出更加平等和谐的交流互动氛围。

“用年轻人喜闻乐见的方式去普及军事知识和历史知识”是已年过七旬的主流网红——张召忠在往期“局座召忠”自媒体号内容生产中一贯的坚持，撇开权威人士的身份架子，他在各大平台中的风格形象都是年轻化、幽默化和平易近人的，并被粉丝戏称为“战略忽悠局局长”。他始终坚持依凭专业化的知识储备，辅以接地气、幽默风趣的表达，为各平台粉丝受众普及晦涩难懂的军事知识并开展国防教育，其内容深受年轻人喜爱，收获了具有高黏性的粉丝受众群体，积极利用自身优势打造出个人的特色风格与品牌。

戈夫曼在《日常生活中的自我呈现》中提到：“人们总是通过行为来表现自己以给人印象、各种语言符号或他们的代替物作为明显的、给予的表达，是传播行为主体相对比较容易控制的表达。”① 在B站上爆红的“法外狂徒张三”是罗翔教授在讲法时因常以“张三”作为加害人举例而被网友调侃的网络流行语，有网友甚至对系列视频形成了《法外狂徒张三的传奇人生》合集进行传播，罗翔以独具魅力的语言风格塑造了一个个深入人心的“张三”形象，将原本严肃、枯燥的法律知识与娱乐巧妙混搭，用最浅显易懂的话语向粉丝受众讲解深奥难懂的法学，有条不紊，娓娓道来，让受众在轻松愉悦的氛围中深化了对法律法规的理解。

四、区域定位：跨越空间界限，传播地方声音

区域定位的重要意涵在于主流网红应充分考虑地理空间因素影响下所面向的目标地方受众群体，即应力求解决在本区域的内容生产与传播应以谁为主的问题。大而化之的模式化生产的内容在面向地方受众时并不能达到理想的传播效果，有时甚至会适得其反，故应结合该区域的经济、文化、政策等方面的具体特点及内涵进行创意策划与内容生产。其一是内容更加贴近地方受众的关注与需求，加深地方受众的亲近感、参与感和归属感；其二是能够有效地对所在区域起到辐射带动作用，让平台中其他地方的受众有机会了解到差异化、特色化的地方性内容，促进区域文化“走出去”，更好地传播区域的声音。

不同地域空间范围内面向的受众不同，所对应的内容需求不同，进而又

---

① 欧文·戈夫曼：《日常生活中的自我呈现》，冯钢译，北京大学出版社，2008，第2页。

影响着主流网红内容生产中的功能定位。面向全国地域的信息传播，主流网红作为内容生产者更多的是针对全体国民及时传递新闻资讯和权威信息，传播主流声音；面向省市进行传播时，则需要结合考虑具体省市的特色亮点，以省市区域内民众关注点为切入口；面向更小范围的基层传播时，则须进一步考虑影响受众媒介接触率的因素，传播地方声音。随着区域空间范围的缩小，主流网红的内容生产就更加呈现出垂直化、细分化和差异化的趋势。

主流网红内容生产区域定位的标准主要可基于两大层面的主体及特质而定，一方面是主流网红所在的区域性媒体或权威机构和所面向的地方受众群体，另一方面是主流网红自身籍贯以及由此传播所了解的区域内容。在内容生产过程中针对区域进行定位，是反映受众覆盖率和触达率的重要举措；而与此同时，相较于传统媒体或官方机构，主流网红依托新媒体矩阵的传播更具能动性和灵活性，从而能够结合自身对地域的了解程度向受众传播独具特色的内容。

主流网红自身籍贯及对相关区域的了解程度，则可以为其更好地把握微观层面的语言风格表达与内容选择。其一是就语言风格表达而言，相较于专业化的播音腔调，带有地方口音特色的语言反而显得更加平易近人，亦更为受众所接受；其二是内容选择层面，选择具有地方特色的内容进行传播更能够引起受众的情绪共鸣，既能拉近与地方受众的距离，又能产生由小见大、扩大影响范围的效果，从而促进区域性文化跨越空间局限，传播得更广、更深。

五、平台定位：明确分发机制，优化内容传播

平台定位的内涵在于内容生产者需要针对平台型媒体的内容分发机制、流量分配法则和算法进行创作，如此才能在符合平台型媒体规则的框架下获得流量和用户。从受众、功能、风格和区域等层面进行定位是生产出更优质内容的前提基础，而与此同时进行平台定位是为生产出更适宜传播的优质内容，即结合平台型媒体的算法及分发机制特点生产、投放并传播与之最为适配的具体内容，以期达到更好的传播效果。

近年来，平台化已逐渐成为媒体融合的新型发展趋势，而“平台型媒

体”则是“互联网+”时代媒体转型融合发展的一个主流模式①，为主流网红的孵化提供了流量和平台基础。主流网红在其中的打造与深耕则主要聚焦于以B站、抖音等为代表的视频直播平台和以微信、微博等为代表的社交媒体平台，形成了新媒体传播矩阵。与此同时，这些平台其实不仅仅是传播渠道，更是传播内容框架、分发规则和资源对接的建构者②，主流网红倘若能够巧妙利用好平台优势，便能够充分调配传播秩序和规则以实现用户的长期留存，从而为其内容创作提供源源不断的发展动力。

平台型媒体的内容分发机制大多依托于新兴的数字技术加以实现。一方面，主流网红可以根据平台特点针对算法进行内容生产，从而提高精准度。在此之前，应倡导构建起主流价值观引导下的算法体系，从而实现在智能算法推荐下生产的内容兼顾受众的个性化需求与正向的社会效益。另一方面，主流网红可以针对热点进行内容生产。热点意味着具有基础性的受众关注，主流媒体应该密切抓好社会热点发生的时机，结合自身内容创作的特点及聚焦点进行创意化的内容解读和传播，从而积极正向地利用好流量风口，达至最佳的传播效果。

平台定位成功的关键恰恰在于须要考虑所生产的内容与平台传播特点的适配性，即真正达到最佳的可传播性方可实现优质内容的高覆盖率与触达率。海军少将张召忠最初是作为央视特邀评论员参与其军事栏目制作，军事、政治观点独树一帜，被观众们诙谐地称为“局座”，自退出央视后，他创建了“局座召忠”微信公众号和微博，之后首次参加B站直播就迎来了超70万观看量，甚至出现因弹幕过多而直播卡顿的盛况。仅历时九个月，“局座”的自媒体道路便显示了个人特色，亲身经历了在新媒体和互联网时代的成功转型。不可否认，其成功的关键在于充分挖掘并利用好了各平台的优势，多渠道并发为受众提供历史和军事知识的权威解读。一方面借助微信公众号每天发表原创文章，选择受年轻人欢迎的语言和易为年轻人接受的思维进行内容输出，同时借助微博平台充分发挥网络意见领袖的作用；

① 喻国明、焦建、张鑫：《“平台型媒体”的缘起、理论与操作关键》，《中国人民大学学报》2015年第6期。

② 孙振虎、何慧敏：《短视频平台驱动传统媒体融合发展的创新路径研究——以央视频为例》，《电视研究》2020年第7期。

另一方面在 B 站开设《张召忠说》视频、文章等专栏，在视频中以诙谐幽默、平易近人的表达风格与 B 站年轻用户面对面互动，打成一片，形成了新媒体矩阵下极具黏性的粉丝受众社群，是主流网红根据平台定位进行优质内容生产的成功典例。

综合而言，主流网红优质内容的生产要义离不开精准的定位，以受众定位为首位，确定目标服务对象，进而是功能和风格定位，选择合适且鲜明的风格为受众提供特定的功能服务，同时进行区域定位，确保内容传播的覆盖率与受众的触达率，在此生产逻辑基础之上依据平台定位生产出适合传播推广的内容，层层递进，环环相扣，从而实现内容生产的精细化、专业化和优质化，为下一步内容生产策划提供方向和指南，从而助力实现主流网红创意策划的实践价值与意义。

第二节　发挥整体性策划的带动功能

策划是一种立足现实，为了在未来实现某种目标而进行的运筹规划活动。策划包含三个步骤：首先，要对现实情况进行调研认知；其次，针对已知的现实环境和自身能力运用科学方法进行整体以及细节的设计；最后，在多个设计中比较和选择出最优方案。在这个过程之中需要体现出目的性、前瞻性、针对性、系统性、科学性的原则。

一、运用品牌策划提升竞争力

（一）品牌策划的重点

在汉语词典中，“策划”的意思是设计规划。策划是一种针对未来行动所做的前瞻性决策，是一种管理行为，是从众多方案中最优方案的选择[①]。《哈佛企业管理》丛书中提到，策划是一种准备过程，是对未来采取的行动

① 陈梅：《品牌策划与设计》，浙江大学出版社，2019，第 46 页。

做准备。“策划是一种程序，在本质上是一种运用脑力的理性行为。所有的策划基本上都是关于未来的事物，也就是说，策划是针对未来要发生的事情做当前的决策。换言之，策划是找出事物因果关系，衡量未来可采取之途径，作为目前决策之依据。亦即策划是预先决定做什么、何时做、如何做、谁来做。策划如同一座桥，它连接着我们目前之地与未来我们要经过之处。”①

相对于商品策划、活动策划等等，主流网红的策划更加接近于品牌策划（Brand Planning），其账号运营的主要目的是增强社会影响力，传递主流声音，而非直接通过账号进行营利。这样的策划性质与品牌策划的性质不谋而合。品牌策划是企业为了提高市场竞争力，在科学调研基础上，运用掌握的策划技能，优化整合现有资源，使企业形象和产品品牌在消费者心目中形成统一的价值观，制订长期性的、带有根本性的总体发展规划和行动方案②。品牌策划的重点是使得目标群体对品牌的认识从模糊到清楚，让产品品牌在消费者心中形成统一的价值观，而非直接营利。打造主流网红的策划也是一样，需要加深用户对主流网红的认知，让主流网红形象被用户精准地了解。通俗来说，就是让策划者想要用户认知到的形象与用户真正认知到的形象尽量一致，减少用户没有机会认知以及认知错位的情况。

（二）主流网红策划的原则

1. 目的性

主流网红策划必须明确策划目的，目的性是一切策划的起点，目的决定了未来的策划大方向，若没有目的，那么策划的其他原则也将难以实现。推出主流网红的目的首先是发声，占领舆论阵地。这需要主流网红的运营团队在考虑传播效果的同时兼顾舆论引导。

主流网红与其他网红的最大区别是将社会责任放在第一位。而想要实现社会利益最大化，首先须要让主流网红本身获得传播，唯有先让人看见，才能谈后续的社会影响。但主流网红也不能不择手段地追求流量，而是通过扩大影响力达到引导受众，净化互联网环境，凝聚大众共识的目的。主流网红既不能过于保守刻板，也不能背离舆论引导的本心，而是要用受众喜闻乐见

---

① 转引自王甫：《电视节目策划》，中国传媒大学出版社，2006，第3页。

② 陈梅：《品牌策划与设计》，浙江大学出版社，2019，第46页。

的方式说出自己想说的话。

其次，是让主流网红成为一个窗口，让大众更加了解该网红背后的媒体或是机构。通过对主流网红个人 IP 的塑造，塑造媒体或是机构形象。主流网红和个体内容生产者不同，并非独立的个体，主流网红对外表现出的形象不仅仅是个人形象，其性格特征、对事态度，往往象征其背靠的单位机构的某些特质。受众要认知一个单位机构的全貌必然是困难的，但是认知主流网红一个或是几个人的人物形象却相对简单。所以受众容易将主流网红形象与单位机构形象联系在一起，且如果在主流网红发布的内容中，其背靠单位机构越明显，单位机构和主流网红在受众印象中的联系就越紧密，甚至可以说主流网红在某种程度上是该机构的拟人化呈现。

例如《中国国家地理》杂志社推出的主流网红张辰亮，他是《博物》杂志副主编，截至 2022 年 2 月，他在抖音上名为“无穷小亮的科普日常”的账号拥有粉丝 2138. 1 万，同名账号在 B 站拥有粉丝数为 671. 1 万，其名为“无穷小亮的微博”也拥有 610 万的关注量。他在发布的内容中呈现出的幽默诙谐、睿智权威的形象深受人们的喜爱。因为他在内容中不断地提到《博物》杂志和《中国国家地理》杂志，再加上他是《中国国家地理》杂志社中的网红，受众很容易将他的形象与《中国国家地理》杂志社的形象联系在一起，认为《中国国家地理》杂志社是亲民、幽默、权威的。

最后，主流网红应审慎地通过流量变现营利。在进行策划时，选择的营利模式需要与主流网红的形象定位以及受众群体特点相匹配，不能违背“将社会责任放在首位”的基本原则。在此基础上，可以选择如同传统媒体一样出租广告位、在发布内容中介绍某商品的形式进行流量变现，也可以选择为自己背靠的单位机构引流，间接实现变现。例如张辰亮经常在账号发布的内容中宣传新出版的《博物》杂志和与《中国国家地理》杂志相关的图书。

2. 前瞻性

前瞻性是策划的固有属性，一定是先有策划，再有主流网红在互联网上发布内容。这便须要预估互联网受众的喜好转向，并在后续方案中体现这种预判。例如近些年随着网民媒介素养的提高，网民对内容的喜好逐渐向专业、独家、深度的方向转变。

主流网红的策划需要注重其持续发展的能力，即能够长期稳定保持较高频率的内容生产的能力。在内容选择上，尽可能选择题材丰富的类型，以及主流网红团队较为熟悉、可以持续更新的内容，尽可能避免“打一枪换一炮”的情况发生。例如，张辰亮的视频内容主要是针对网络上存在的有关生物的谣言进行辟谣，因为通过短视频形式呈现出的有关生物的谣言层出不穷，所以他的视频素材也能源源不断。曾经有部分网红初期缺少对内容的长远规划，其内容以较为零散地分享自己的个人生活为主，这类没有主线的视频一般无法做到规律地频繁生产，久而久之就会因为缺少素材而不得不停止更新或是转换内容题材。即便内容生产的类型题材丰富，如果创作团队对该内容并不熟悉，或是没有研究，就会导致该类型视频生产成本较大，需要投入的资源较多，这样也不利于持续进行内容生产。

3. 针对性

好的策划一定是量体裁衣，具体问题具体分析，不可能有一个放之四海而皆准的万能模板。主流网红一方面需要针对受众特点进行内容策划，另一方面需要保证策划具有个性和特色，找出最重要的目标诉求，围绕其进行针对性的策划设计。

在选择好题材类型后，主流网红需要分析受众特点，并针对这些特点进行策划。例如 B 站知识区的观众普遍欢迎拥有较高知识密度的节目编排、在视频中有充分论据进行论证的观点、风趣幽默的故事性叙事。这要求创作者拥有极高的专业素养、连续的内容输出能力、强大的学习精神。观众拒绝只有标题而无内容的“标题党”行为，虽然“标题党”可以吸引一时的流量，但是因为内容的缺失导致的期待落空，无法收获拥有黏性的粉丝，故无法长期将账号运营下去。

主流网红本身是极度个人性的网络主体，吸引粉丝的不仅仅是其发布的内容，而且还有其个人魅力。如果网红本身没有突出的特质，很容易被人遗忘，难以形成较强的用户黏性。例如张辰亮的个人形象就很具差异化，他并不是传统意义上长相帅气的人，但是却让人印象深刻，因为他面无表情时神似藏狐，“藏狐”也就成为张辰亮的代名词。

4. 系统性

系统性主要体现在主流网红针对各个方面的环节进行权衡，并且在账号运营的各个环节都保持统一性，例如表现形式、策略的统一。个体特质以及其背后的资源，共同组成了主流网红这个符号。相对于一般草根网红，主流网红拥有资源、人才、设备、资金等优势，其在进行定位策划、内容策划时需要综合考虑这些因素。

5. 科学性

策划方案往往不止一套，进行方案选择时，一条重要的标准就是科学性。科学性首先是可操作性，其次是遵循传播规律。

可操作性主要需要考虑制作经费、设备、人才、时间等方面。可操作性的检验通常有预演法、模拟法和分析法。预演法需要创作团队按照策划方案先进行一次或几次内容创作，在小范围内进行收看，以此了解受众反馈。模拟法就是在头脑中将策划方案像放电影一样放映几次，寻找流程中的错漏。分析法便是把握创作各个环节之间的关联，进行缜密细致的判断。

为了使主流网红获得更好的传播力、影响力，策划的各个环节需要遵循传播规律，用理论指导实践。

二、优化策划流程

（一）市场分析

市场分析需要针对互联网宏观环境和微观环境进行分析。宏观环境例如国家的政治、经济、法律、人口、科技、文化环境等，微观分析则是对背靠单位机构、受众、平台、顾客的分析。市场分析是为了了解目前互联网的趋势，背靠单位机构的知名度、美誉度以及代表意义，整理主流网红策划需要的相关资料，了解市场痛点。

（二）策划方案设计

1. SWOT 分析

SWOT 分析是基于内外部竞争环境和竞争条件下的态势分析，将与研究对象密切相关的各种主要内部优势、劣势和外部的机会和威胁等，通过调查列举出来，并依照矩阵形式排列，然后用系统分析的思想，把各种因素相互匹配起来加以分析，从中得出一系列相应的结论，而结论通常带有一定的决策性。其中 S（Strengths）是优势、W（Weaknesses）是劣势、O（Opportunities）是机会、T（Threats）是威胁。

SWOT 分析需要根据各种背景材料进行分析，例如互联网痛点、竞争对手情况、目标受众、内部资源和技术能力等，在此基础上清楚地明白目前已有的资源条件，以及进行下一步策划的方向。

2. 拟定目标

拟定主流网红的长期目标和阶段性目标，这样就有明确的发展方向。

长期目标分为关注度目标、美誉度目标。因为互联网某个单一平台的受众总数是有限的，某一个类型的观看人群也是相对固定的，所以关注的粉丝量一定会达到饱和，以此便能推算出长期的关注度大概是怎么样的，以及预估多长时间会达到该关注量。美誉度目标可以分为希望主流网红在受众心中呈现出怎样的形象，受众对其评价如何，是否会向人推荐，等等。

阶段性目标即在长期目标的基础上拟定每一个阶段的目标，例如希望在发布第 10 次内容时在 B 站的粉丝数达到 5 万，在第 10 次内容发布后受众互动数量（点赞、评论、转发之和）达到播放量的十分之一，等等。

3. 提出行动方案

当目标提出后，就可以明确提出做策划的每一步的行动方案，明确具体策划需要做的工作、时间、参与对象、预计费用等等。

（三）内容设计

首先是选题类型策划。现在互联网的信息分发更加垂直，人们会自主选择自己感兴趣的内容。当专注于某一固定的选题类型后，受众不仅会被主流网红本人的人格魅力吸引，而且还会因为对该选题类型感兴趣而持续观看。例如张辰亮做的是生物鉴定类视频，那么喜欢生物分类的人就会观看其视频。选题类型是建立在互联网痛点上的。例如在“罗翔说刑法”账号出现以前，刑法科普领域相对空白，罗翔的出现就填补了该领域的空白，那么下一个想要做刑法领域的账号就不能和罗翔的风格雷同。

其次是人设策划。人设策划首先是根据背靠的单位机构形象、想要达到的目的、想要制作的内容题材类型选择主流网红“人选”。可以进行策划的人设包含风格化的人物性格设定、人物外形设定。其中人物性格设定并不意味着要改变网红本身，而是指找出在内容中会集中呈现的性格特质。因为某一个具体的人可能会有多方面的性格特质，面对不同的人或事物也可能体现出不同的性格特质，但是过多的特质会使得人物认知没有记忆点，所以需要选择1—3个须要重点呈现在大众面前的特质。这些特质最好来源于网红本身，而非刻意制造，因为刻意制造的特质对主流网红本身表演能力要求较高，难以长期维持。风格化特征设定实际上是主流网红最需要进行设计和突破的地方。主流网红容易陷入只有“完全正确的引导”但是没有风格、没有特点、不亲民的困境。主流网红应该放下身段，真正地与大众融合。

人物外形设定包含相貌、发型、穿着等等，这些都是须要为内容服务的。如果在内容创作时需要网红本人频繁露面，那么此时外形设定就显得尤为重要。例如，罗翔在视频中的衣着是白衬衫、西装外套或POLO衫，这些服饰都较为正式，可以显得罗翔的专业素养高，传达的内容真实可信。

最后是具体的发布内容策划。内容创作的灵魂是文化创意。其他的策划，例如市场环境的洞察虽然重要，但是如果没有优秀的文化创意和内容生产，这些工作都将失去意义。可以说，创意及其实现是马拉松的最后一百米，如果倒在这里，那么前面的努力都将付诸东流。

（四）推广设计

推广设计是主流网红内容发布时以及发布后的具体行动，直接影响到内容传播的效果。推广设计必须建立在内容设计的基础上，选择发布内容的时机以及策略。如果是以学生为主要受众，那么一般挑选19：00以后发布内容，因为学生这时才可能获得空闲时间阅读相关内容。

主流网红在内容制作时也需要考虑到推广，例如在内容中鼓励受众进行分享、互动，大部分平台算法都会优先推送互动量大的内容。另外，在微博、抖音、B站等多个平台发布自己的内容，可以提高传播效率。

（五）策划方案挑选与效果评估

策划方案挑选主要运用预演法、模拟法和分析法。策划效果评估主要是为了了解策划方案是否能达到预期效果，以及是否能按时、保质地完成。进行效果评估需要寻找工作中存在的问题和困难，决定是否要调整策划方案或是进行二次策划。

第三节　构筑高品质内容生产阵地

如何构筑高品质的内容生产阵地？主流网红的内容生产怎样出彩？其 IP 塑造之路如何获得成功？本节选择“大漠叔叔”——网红警察李文哲和“江宁婆婆”——网红警察王海丁两位政法领域的“大热 IP”作为主要案例，尝试回答上述问题。虽然“大漠叔叔”2022 年 3 月已从公安部门离职，但其此前的“出圈”经验还是可圈可点。

一、整合力量深耕优势内容

（一）创造主体多，发挥团队力量

主流网红的内容生产方式早已不是一个人的单打独斗，而是依靠背后强大的团队力量持续输出高质量、高水准的传播作品，尤其是主流网红背靠的是媒体机构、党政机关或企事业单位的新媒体矩阵，因此在人才资源、设备资源、题材资源等方面便占足了优势。以“大漠叔叔”为例，其妙语连珠的文案，专业的拍摄手法——甚至曾多次动用无人机技术，多个场地的梦幻联动，高超的视频剪辑技术，诸多元素的视频片段截取以及与视频浑然天成的配音和字幕，都非一人之力可以完成，受众从视频质量便可看出其装备的精良和团队成员专业水准之高。B 站大火的谭乔警官，早年间因主持《谭谈交通》而名声大噪，近年来因 B 站网友花样剪辑昔日节目而再次翻红，成为“大热 IP”。谭乔在 B 站的视频生产符合官方出品、多方联动合作、个人创意相结合的创作模式，在 B 站上掀起一阵“谭乔热”，这背后与其创作团队的更新不无关系。2021 年 8 月，谭乔辞去公职。遗憾的是，《谭谈交通》在 2022 年一度陷入版权纠纷。

（二）选题范围广，突破领域壁垒

主流网红的选题并不局限某一专业领域，多以专业领域的内容生产打响名声，继而在坚持专业内容生产的同时横跨到其他领域进行宣传和正能量的传递，其“业务”有时会超出你的想象，但却也凭借优良的制作，产生了不同凡响的传播效果。“大漠叔叔”原名李文哲，截至 2022 年 6 月，在 B 站上坐拥 509 万粉丝，多个视频播放量过百万，在微博上也有 72.9 万的粉丝，是个名副其实的超级大网红。“大漠叔叔”原来是海南省儋州市公安局民警，早期以辟谣出圈，受到广泛关注。按理说，一个网红警察，他的内容应该集中在法制领域，但“大漠叔叔”的“营业范围”却十分广泛。以“大漠叔叔”的 B 站账号为例，他的视频内容主要有以下板块：漠叔的剧本、反骗扫黑警务宣传、漠叔在农村的日子、警犬小奶狗、漠叔的赶海生活、邪教全揭秘、美丽乡村、探险 Vlog、警务 Vlog、价值观 Vlog、纪录片、漠路、反邪教和直播回放。可以看出，“大漠叔叔”不仅做好了宣传警察的本职工作，也顺便宣传了海南的美好景色、风土人情，带动了当地的旅游经济全面发展，同时也展示了我国美丽乡村建设的伟大成就，提升了受众对农村的喜爱度和关注度。

（三）发布渠道全，专攻平台特色

一个主流网红的成功塑造，离不开多平台的共同发力，也离不开创作团队针对不同平台特色做出的精细化内容生产。截至 2022 年 11 月，“江宁婆婆”在微博拥有 603 万粉丝，同时也在 B 站及抖音投递视频，形成多方联动效应，全网粉丝累计破千万。在微博平台，由于平台字数限制，“江宁婆婆”的创作内容多以“简短文案 + 图片”的形式，简明扼要地传递信息，发表见解，与网友形成良性互动；在 B 站，由于 B 站以视频为主，“江宁婆婆”多投递两到五分钟的短视频，视频标题符合 B 站鬼畜风格，深受 B 站网友们的喜爱。总之，主流网红要想增强影响力，必须多平台共同发力，且针对不同平台的受众，在进行内容生产时要考虑受众喜好进行精准投递。

（四）技术融合强，十八般武艺创辉煌

融媒体时代传播手段日新月异，只有“跨界混搭”才能立于不败之地，所有的传播手段都可以而且应该为主流网红所用①。主流网红的厉害之处在于并不局限于一种媒介的呈现，图文、短视频、直播、VR 技术、H5……这

① 刘威：《媒介组织变革困境中的“主流网红”该如何“突围”》，《传媒论坛》2018 年第 6 期。

些技术被主流网红打成“组合拳”，创作的内容全景化呈现在受众面前，使其内容观感好、娱乐性强，更适应信息的传播和扩散。

二、立足个性特色彰显主流力量

（一）“非主流”化表达方式

主流网红的话语立场、创作内容都体现出主流取向，但其主流观点的传递方式是“非主流”的。这里的“非主流”是相较于传统主流媒体以及党政机关、企事业单位以往的信息传播方式而言的。以往官方的主流表达方式总是以严肃认真为情感基调，文章多为字字珠玑的鸿篇巨制或言简意赅但教育意义深远的精悍短文，让人一读一品便觉“专业”，再品则觉“受教”。但是，太过专业化的形式，往往会给普通受众以距离感。

而主流网红的表达方式已然走向了“非主流”，摆脱枯燥的说教感，用幽默诙谐的段子揭示道理，用搞笑夸张的话语输出最正儿八经的专业知识，永远带着“你可能知道我要宣传什么，但你永远猜不到我会怎么宣传”的神秘感，让受众在欢声笑语中完成心灵的洗涤和专业知识的学习。例如，2021年5月，美国驻华大使馆推出公共外交小额赠款计划，用以鼓励在中国境内宣传美国历史、文化及价值观。2021年6月5日，“大漠叔叔”紧跟这一时事热点在B站上推出了题为“如何领到美国3万美金的狗粮”的四分钟短视频。这个视频中没有强烈的谴责，而是以戏谑的语气，以“中国人最能听懂的方式”重新为粉丝解读了何为“美国梦”，“黑人在美国被誉为‘光荣劳动者’，从奴隶劳动到近代每日8美分的薪酬，被后人称赞和歌颂”“在美国你可以享受不戴口罩的权利，因为你有剥夺自己生命的自由”“自由美利坚，枪击每一天”……这些看似正面实则负面、看似称赞实则讽刺的宣传视频，当时在B站斩获了317.7万的播放量、1.1万条弹幕评论、9412次转发量，引起了B站粉丝巨大的反响。

再以宣传美丽乡村为例，媒体以往多是用叙事写景的纪录片或新闻报道实地考察、人物走访等主流宣传形式，但“大漠叔叔”在宣传海南的美丽小渔村时，句句不提乡村美，处处尽显乡村好。“大漠叔叔”的视频中，他赶回渔村迎丰收，“无意”展现了小村的物产丰美；巧用穿越机航拍海南岛，令海南乡村美景一览无余，顺便推荐著名旅游景点；去当婚宴主持，“不经意间”展示当地风土人情及特色文化，再秀一波乡村和睦、邻里和谐；吃遍村中无敌手，全面宣传当地特色美食文化……他仅仅记录了在乡村的生活，便把乡村的美丽真实地呈现在观众的眼前，这样接地气的美丽乡村宣传，谁能不爱？这就是主流网红内容生产的“非主流”带来的巨大魅力，而这一特性也是主流网红能持续吸引流量关注、获取忠实粉丝群体的一大利器，更是其作品具有传播力和印象力的关键所在。

（二）个性化风格

主流网红在内容生产的过程中十分侧重个性化形象塑造，比如在话语表达以及作品风格方面都带有其鲜明的个性化特征，甚至对于成熟的“IP”们来说，他们会有一些独有的“万年老梗”供粉丝们调侃。“大漠叔叔”叔味儿十足，吃货形象深入人心，搞怪要宝不在话下，一口流利的“海普”加上略显粗犷的长相，让他亲民度极高。他的视频风格如其个性一般，以幽默风趣的段子为主，在搞笑中普及知识，做好宣传工作。“江宁婆婆”个人风格特征也十分明显，说话十分搞怪无厘头，视频标题也是很有噱头，走的是“咆哮帝”的画风，比如“没时间解释了！走！跟着警方抓野猪!”“没时间解释了！跟我上车!”其在微博上的话语表达也是如此，将叹号和“狗头”表情包运用到了极致，具有十分强烈的个人表达风格。

（三）交互性内容生产

主流网红生产呈现的内容，不只是主流网红个体或者背后专业团队的集体智慧，而是带有粉丝印迹、很强的粉丝参与度的融合文本，有着浓厚的粉丝属性[①]。粉丝不仅是文本的解读者，一定程度上也充当了文本的构建者。法国社会学家米歇尔·德塞都关于粉丝文化一个重要的观点就是认为粉丝是“盗猎者”，他们从丰富和海量的信息当中盗猎自己想要的文本片段，然后进行加工和创造形成新的文本。这些文本的产生，更多地融合了粉丝的个体经验和对意义的界定，使得网红生产的内容远远大于其本身的原始意义，包含了粉丝长期的或者偶然的解释，大众的内容是丰富和广阔的，远远大于某个网红个体，体现了“消费大众的主动性与创造力”[②]。粉丝在赋予这些文本新

---

① 吴小飞：《网红经济的内容生产研究》，硕士学位论文，安徽大学新闻与传播学院，2017。

② 陶东风主编《粉丝文化读本》，北京大学出版社，2009，第4页。

内容的时候，也投入了更多的感情。现在网络内容的生产都十分注重粉丝需求，即使是正面宣传的题材，也要以粉丝喜闻乐见的方式进行创作。

“大漠叔叔”和“江宁婆婆”在进行内容生产时，有意贴合粉丝对其形象的期许，满足粉丝的娱乐心理，让粉丝的期待和调侃成为内容中的一部分甚至是选题的参考，与粉丝达成高度的娱乐互动。“大漠叔叔”的一期名为“坏人演得太像了！漠叔首次公开剧本，大家都误会他了”的视频，就是切合了粉丝对漠叔是坏人的调侃，粉丝的期待成为现实，引发了粉丝的狂欢，弹幕留言和评论区热闹非凡，粉丝与主流网红之间进行了默契的交互性影响。

（四）体现“四力”

传播力、引导力、互动力和公信力，是媒体提升自身地位、掌握更大话语权的重要保障，而成功塑造主流网红的背后，离不开生产过程中对“四力”的坚持。

“主流网红的内容生产体现传播力，传播力是主流网红的形象表征”①。其生产内容传播范围广、传播速度快、互动规模大，一旦内容发布便能在短时间内引发舆论效应。主流网红在进行内容生产时坚持以优质原创内容为主线，始终坚持内容为王的金科玉律，以创新内容彰显自身特点，实现了由信息制胜向观点制胜的转变。同时，主流网红的生产内容在传递主流价值观时关注受众需求，能够满足受众的娱乐心理，让受众积极主动进行传播分享。

主流网红的内容生产体现引导力。主流网红具有强大的议程设置导向功能，他们总是围绕社会热点事件积极发声，在舆论纷争呈现胶着状态时及时唱响主旋律，引导舆论方向，引发受众思想共鸣。如国社小姐姐的脱口秀，花式吐槽美国“抗疫第一”引共鸣：“‘美国第一’‘美国优先’‘美国最棒’‘美国是老大’……美国政客的口号，我们听多了。不过，把美国评为‘抗疫第一’，实在太离谱！”新华社的英文脱口秀《彭博社为何将美国列为“全球抗疫排名”榜首?》在海外引发热议和共鸣，浏览量迅速破百万。国社小姐姐风趣的“吐槽”，让海外网友直呼“扎心了！”②

主流网红的内容生产体现互动力和公信力，其发布的内容自带官方认证，

---

① 张洁：《从@共青团中央看“主流网红”的发展路径》，《传媒》2018年第2期。

② 《国社小姐姐脱口秀 | 花式吐槽美国“抗疫第一”引共鸣》，http://www.xinhuanet.com/world/2021-07/17/c_1211244582.htm，访问日期：2022年3月14日。

对受众而言具有较强的信服力。同时，主流网红针对热点问题发声，内容深入实际、反映现实，内容的传递与受众所感所思紧密相连，让受众有话可说，互动的意愿强烈。以全国知名的政务微博“江宁公安在线”为例，其以原创微博打造传播力，以警事萌语提升亲和力，以微博辟谣稳固公信力，以扎实服务构建影响力，以跨平台协作深挖互动力，王海丁独创的“原创”“卖萌”“辟谣”“服务”“协作”，自此成为“@江宁公安在线”的五大核心特色。“@江宁公安在线”也从一个单一的宣传平台跃升为宣传、发布、服务、问政、答疑等多功能合一的综合网络平台。

主流网红的成功绝非偶然，其内容生产的创新性、融合性、专业性及正面性都值得我们深入地探究与总结。适应网络传播的“数字化生存”，不断加强互动性以增强粉丝黏性、维持热度，不断坚持优质内容生产、扩大专业团队力量，主流网红一定能够在舆论场上持续发挥洞察阴晴、激浊扬清、彰善瘅恶的重要作用。

第四节　文本创新让内容“活”起来

当前主流网红的内容创作，其作品和成果多以视频形式呈现。视频形式内含元素众多，结合了视、听、说等多种感官特征，具有更为直观的体验，且需要多种专业技术参与，最能体现主流网红内容策划和制作的综合能力。

一、文本创新的主要维度

根据各主流网红的内容呈现形式，按照基本的文本类型，我们将文本对象划分为视觉文本、听觉文本和叙事文本，从上述三个维度分析文本如何创新，并将结合案例进行具体阐释和说明。

视觉文本作用于受众的视觉感官，给予受众最直接的冲击和体验，多以视频、图片等多种形式展示，也是受众最能进行直观感知和判断的对象。比起文字内容，受众观看视觉图像时，一是此类低门槛的互动参与，观众的自我意识被削弱以至于忘却自我；二是注意力被充分调动，高度聚焦和沉浸于视觉画面[①]。视觉文本分析的内容包括出镜人物形象、场景的选择以及视频的后期制作等。出镜人物的形象具有重要作用，有时甚至能决定受众是否点击该视频，好的形象塑造是媒介人格化运营的第一步。场景的选择则需要与主题相契合，视频的后期制作则是一个团队专业技术能力的彰显。

听觉文本往往由人声、背景音乐以及音效组成出现在视频中。人声的特征如普通话的发音，语言表达能力是基本的要求，直接影响受众的听觉感受。背景音乐和音效往往作为画面的辅助文本出现，很容易出现“重画面轻音乐”的情况，背景音乐音效往往能起到烘托气氛和渲染情感的作用。听觉文本多数情况下配合视觉文本进行，但好的听觉文本有时甚至能超越视觉内容。听觉文本的符号系统建构是整个系统的重要组成部分。

叙事文本着重叙事内容本身，优秀的叙事有时远远超过技术等外在因素，从精神层面感染和打动受众。按照弗雷德里克·杰姆逊的说法，“文化从来就不是哲学性的，文化其实是讲故事。观念性的东西能取得的效果是很弱的，而文化中的叙事却具有很重要的作用和影响。”[②] 主流网红讲述的故事，其叙事技巧必须契合数字时代受众的心理。

二、文本创新的应用技巧

在具体的案例分析中，本节选取三个不同领域的网红博主：“局座”张召忠、科普博主张辰亮、“肝帝”董佳宁。他们涉及不同的专业领域，均具有个人特色与风格，展现了所选对象的多样性，避免了同质化。

（一）视觉文本

1. 人物气质独特，设计专属形象

在视觉文本中，首先是主流网红本人的形象。在主流网红中，较好的气质形象能给受众留下深刻的印象，而且形象出现在视频封面中，直接影响受众是否点击观看，同时关系到传播效果。如张召忠以科普军事内容、评论时

---

① 李有光：《超现实视觉文本的接受张力和解释学空间——以姜文的〈太阳照常升起〉为例》，《中州学刊》2008 年第 1 期。

② 弗雷德里克·杰姆逊：《后现代主义与文化理论》，唐小兵译，北京大学出版社，1997，第 66 页。

事为主，网友为其取名外号“局座”（“战略忽悠局局长”），开设自媒体账号“张召忠”。他在视频中多穿着西装、衬衫，以严肃正经的形象出镜。因其军事知识渊博，本身权威且严肃，但年龄稍长，同时给人一种亲近和蔼之感，易产生尊敬之情。科普博主张辰亮因其酷似藏狐的外貌而被网友戏称为“狐主任”，被网友认为自带“表情包”，具有呆萌的属性。且藏狐本身属于张辰亮的生物科普领域，多种属性叠加，并衍生出了表情包、鬼畜视频等多种二次创作。

其次是为主流网红设计专属卡通形象。人物形象的设计，一是为主流网红打造专属形象 IP，二是某些情况下，人物不方便出镜，使用卡通形象代替，辅助内容解说。张召忠的节目中，视频封面便会放上他自己的卡通形象——一名身着蓝色西装的卡通小人。在视频讲述中，比如《局座时评》这一栏目中，卡通形象还与节目 logo 互相搭配组合。董佳宁为观察者网旗下一名时政评论人员，并拥有自媒体账号“肝帝董佳宁”。他以评论热门事件和日常科普为主，因其更新频率高，网友送其外号“肝帝”。董佳宁的卡通形象凸显其特征，戴眼镜，稀疏的头发。在每次视频开头出现，卡通形象既能起到视频引领的作用，又加深了形象认知。这类卡通形象既能充分展现主流网红的形象特征，又具有卡通特有的表现力和渲染力，还能衍生出表情包、动画等新创作，让受众能充分感受多种形式载体。

2. 场景丰富多样，讲述与画面交替

很多主流网红根据视频内容设置不同的场景。张召忠的讲述多是在演播厅进行，拍摄也更接近传统的访谈节目制作。节目导播大多时候切全景和近景，整个场景较为简单，在讲述时，在背后辅以动画画面作为背景，使场景更加贴合讲述内容，营造军事主题的严肃氛围。张辰亮的视频本人出镜较少，大多是作为视频旁白进行解说。他的视频偏向写实风格，更加贴近人们的生活。以“网络热门生物鉴定”为例，这类视频多是引用网友发布的，对其中出现的生物加以介绍，并标注来源。除此之外，还会选择实地取景进行拍摄，走入人们生活的场景，让受众能直接感受和认识某一生物，进行科普工作，十分接地气，受众更容易产生共鸣。

部分博主以讲述型为主，董佳宁讲述时正对镜头，身前有一讲桌，有时双手置其上或放置其他物。他与讲桌这一符号的模拟象征了讲授模式，传递出严肃的意义。为了避免长期讲话的枯燥和审美疲劳，博主会插入相应画面配合解说词，丰富画面内容。部分视频会插入表情包或短视频这种另类的方式，来表达自己的态度。

3. 后期效果专业，营造沉浸之感

好的后期制作能提高视频的视觉体验，充分展现视觉语言的吸引力。张召忠的视频以军事内容为主，需要涉及大量的地图配合解说。他的视频有专业的节目制作人员参与，能呈现三维地图，进行动画制作，呈现动态的效果。这些视频的画面内容、解说词与对应的字幕制作，整体具有较为专业的后期效果，视觉体验较好。这与张召忠的节目模式有关，他经常作为军事评论员出镜传统的政论节目，节目制作人员都具有电视节目制作经验，因此整体呈现效果较为专业。后期制作通过各类技术可以再现所描述的场景和状态，带给受众一种真实感和沉浸感。

（二）听觉文本

1. 人物表达能力强，突出个人特色

作为主流网红，较好的表达能力是基本要求，清晰的口语和发音，能让受众在听觉上具有良好体验。张召忠尽管到了一定年龄，但是依然具有良好的表达能力，娓娓道来。而张辰亮是北京人，讲话有北京口音，自带地域特色。虽是生物知识科普，但张辰亮表达的方式非常接地气，网友也称其为“单口相声”博主，类似于与受众聊天和对话的模式，给人以亲切感，与受众拉近距离。董佳宁作为一名媒体评论人，清晰灵活的表达能力也是基本素养。在他的节目中，语言表达清晰，语速平缓，节奏适中，基本没有口音。讲述缓缓道来，充分考虑到受众的听觉感受。

2. 创作特色话语，形成认同效果

在众多网红中，内容生产者如何脱颖而出，让受众过目难忘，其中一个方法就是形成自己的专属听觉符号。在听觉层面上，如广告会不断重复口号、创作独特的旋律，达到营销效果。这类符号凭借其和谐的旋律，令人“上头”的节奏，潜移默化地让受众接受。就如抖音神曲一般，虽许多人没有主动去搜索和收听，但在多次被动的灌输下，不自觉已印入脑海。久而久之这类语音和口号就会成为自己的专属符号。张辰亮的“生物鉴定”系列视频开头都会配一句“鉴定一下网络热门生物视频”，因为其语速和节奏较快，而形成了一种独特音调，并且有网友调侃称之为“光速吟唱”，形容他语速快得像在唱歌，造成诙谐之感。由于特色话语高频率地出现在视频片头，长度只有一两秒，即使不观看完整视频，也极易给观众留下深刻印象。

3. 音乐贴合主题，烘托节目氛围

背景音乐和音效是视频后期制作中的重要一环，缺乏背景音乐，只有个人讲述，会给人以枯燥和乏味之感，难以坚持下去。适当的音乐不仅能烘托氛围，还能渲染情感，让受众产生情感上的共鸣，这也达到了传播效果。首先，音乐的选择要贴合讲述的主题。张召忠的视频中大多涉及一些时事和军事内容，挑选的多为恢宏大气的音乐，在国际局势剑拔弩张时，则音乐节奏较为紧张和激烈。同时他也有展现个人生活的 Vlog，此时的视频音乐则较为轻松活泼。董佳宁每一期视频具有不同的主题，会根据讲述内容选择合适的音乐，譬如在介绍印度美食的时候，多是采用具有印度风格的音乐。

除了音乐风格的挑选，音乐出现的时机同样重要，在讲述人说话时，音乐的不适当出现有可能转移受众注意力，或是音乐声音过大，让受众难以听清说话声，会影响他们的听觉感受。

（三）叙事文本

1. 紧跟时事热点，价值导向正确

选题是节目成功的重要部分，合适的选题不仅要符合受众和内容定位，还应具有独特的讲述视角。而当前时事热点成为选题的重要来源，一是受众对当前热门话题较为熟悉和关心，二是能从不同角度加深理解。张召忠主讲军事，有时以某个国际事件为切入点，紧跟时事，比如对环太平洋军演的分析（《环太平洋军演闹翻天，东风浩荡为哪般?》）。张辰亮的生物科普工作，也是紧跟热门事件。云南大象进行迁徙时，他适时为网友科普大象的有关问题（《云南大象的“迷惑行为大赏”》）；虎年到来的同时，相应进行老虎知识的科普（《一山不容二虎是真的吗？博物杂志老虎专题》）。

选题虽要带有个人的讲述角度，但是需要传达出正确的价值观，能够对社会起到正面导向的作用。张召忠在讲述军事和时事时，努力传达倡导和平价值观。张辰亮在进行生物科普时，体现出他对科普的热爱，彰显了敬业和专业的精神，鼓励更多受众以专业精神投身科普和科研事业，保护生物多样

性。主流网红在进行内容符号编码时，主要立足于自己的专业领域，各类符号的组合编排，都能从个人、职业、国家层面上传递出积极的价值观。受众在进行符号解码时，就是符号的意义不断被获取。当受众的解码意义与主流网红的编码意图一致时，达到了意义传播的最大化。

2. 内容领域精细化，叙事题材专业化

网红的叙述内容需要与定位相契合，在当前长尾效应愈加明显的情况下，许多专业化、精细化、小众化的领域也得到重视。尤其是聚焦某一专业领域的定位，长时间耕耘于特定领域更能提升创作质量，不断积累长期效益。张召忠涉及军事领域题材，跟他本人的身份、自身积累的经验和知识有关。张辰亮的内容则定位于生物科普，主要为网友科普日常生活中的各种生物知识。张辰亮是相关领域的硕士研究生毕业，成为科普杂志的主编，深入实地在全国多个地方调查生物资源，积累了坚实的野外探索经验，叙事题材具有较强的专业性。

3. 叙事内容栏目化，叙事结构多样化

在专业领域内，丰富多样的内容为创作提供了进一步细分的空间，也能更加有针对性地满足受众需求。将内容细分成多个栏目便是一种方式，栏目在积累了一定的口碑和名气后，就如一块金字招牌，成为特色品牌。张召忠按照不同的节目内容开设了《召忠说》《时事评论》，每个不同的栏目内容会有所区分和侧重，前者偏向围绕某个主题展开解说，后者侧重评论近期时事，以满足不同观众的需求。张辰亮则凭借《亮记生物鉴定》形成个人特色栏目，栏目还可细分为各种网络热门生物鉴定，如《厦门博物志》的某地区生物鉴定。这种模式不仅成为他的个人特色，也纷纷被其他的博主效仿，开启了各类“网络热门××鉴定”，这已经成为一种专门的节目话语模式。

第五节 内容生产的互动和运营策略

新媒体带来内容生产和传播关系的变化，用户互动体验促进了社交化内容生产模式发展。针对移动互联网环境中用户的行为和心理特征，主流网红要在内容生产的社交互动、多渠道协同运营等方面展开新的探索。

一、互动策略：仪式传播与情感认同

移动互联网的发展将用户的地位提到了一个新的高度。主流网红要在新媒介环境下维持自己的热度和人气，就必须拥有用户思维，在内容策划和生产中保持用户敏感性。在具体的实践中，用户思维和用户敏感性体现在主流网红与用户的互动传播。有一些学术成果已经关注到互动传播的重要性，并从美国社会学家兰德尔·柯林斯提出的互动仪式链的视角下进行学理分析。“互动仪式”的核心机制是“高度的相互关注”，即通过身体的协调一致来唤起参与者的神经系统，将高度的互为主体性和高度的情感连带结合在一起，形成与认知符号相关联的成员身份感。简单来说，主流网红要通过互动与处于不同时空和身心状态下的用户达成情感上的凝聚，并达成“我们”的身份认同感。情感凝聚与身份认同能充分提高用户黏度和粉丝转化率，从而维持并提高主流网红在舆论场中的竞争优势。互动传播的重要性已经被充分强调。然而，到底如何做才能实现有效的互动呢？

有效互动策略的制定和施行，关键在于对用户的准确洞察。互联网运营资深从业者黄有璨在其运营方法论畅销书《运营之光 2.0：我的互联网运营方法论与自白》中提到，互联网运营从业者要尽可能把自己变成一个真正的典型用户，让自己大量置身于真实用户的真实体验场景下，这样久而久之，自然会慢慢拥有一种对于用户们的“洞察力”[1]。而这样的洞察力，很多时候也会成为一个优秀运营从业者身上不可替代的核心价值。

不同类型和人设的网红，针对的目标用户是不同的，因此相应的互动策略和手段也是千差万别的。主流网红要保持对热点和新鲜事物的敏感度，尤其是要关注目标用户所感兴趣的热点事件和话题，并持续学习和吸收，做到对目标用户的所看、所思、所想了然于胸。站在用户的维度上去思考互动策略，才是实现有效互动的出发点。

（一）定制内容，服务用户

优质内容是主流网红吸引用户、留住用户的核心武器。为了投用户所好，越来越多的网红开始关心用户想看什么内容，并把用户的好奇与期望直接作为他们未来制作内容的核心。

三农问题专家、主流网红温铁军2021年12月30日通过B站动态向用户发起了主题讨论：“这一年让你印象最深刻的内容？希望明年听到老师们讲的内容？希望老师们解答的问题？”这些问题让用户一起参与到优质内容的回顾与展望中。

主流网红沈奕斐在B站直播中让粉丝提出他们最想看的内容，如果相关内容获得粉丝们点赞超过10万，沈奕斐承诺进行相关内容的制作。在粉丝的热情点赞与互动下，沈奕斐针对他们最想看的题材进行了长达一年的定制内容制作，最后在她的公众号中以付费内容的形式上线。定制内容的模式能让用户感受到自己对主流网红的内容创作是有重要影响的，自己的兴趣和期待是受到主流网红的重视的，自己在某种程度上是内容服务的对象。这种被重视感和被服务感能让用户更有热情地参与到与网红的互动中。

（二）节日仪式，粉丝福利

主流网红要善于抓住一些特殊的时间节点，比如新媒体账号创立周年纪念日、粉丝量突破百万纪念日等，策划节日狂欢的互联网仪式。仪式能把处于不同时空的粉丝聚集在一起，共同见证主流网红的成长历程与高光时刻。主流网红可以在节日文案中融入“感恩”“回馈”“福利”等话语，并策划

---

① 黄有璨：《运营之光2.0：我的互联网运营方法论与自白》，电子工业出版社，2017，第203页。

抽奖活动，让用户感受到主流网红今日的成绩离不开自己的喜爱与支持。用户体验到贡献感，再加上抽奖福利的激励，就会更积极地参与到节日仪式的狂欢中。“央视新闻”微博账号就在九周年纪念日上发起了抽奖送手机的活动，被转发2.7万次，评论1.3万次，赞1.7万次，并由一些知名记者转发评论，更加大了活动的热度。温铁军在粉丝量突破100万时发起了粉丝回馈活动，抽奖赠送亲笔签名书籍。“中国消防”微博账号在2021年跨年夜发起“粉丝嘉年华”直播间打卡抽奖送50元红包活动。这些节日福利的策划让用户充满惊喜感和获得感，并激发他们在未来继续参与互动的热情。

（三）制造悬念，共揭谜底

对于清晰明了的信息，用户很难有讨论和参与的空间。而留有悬念的内容则更能激发用户的好奇，引发他们的讨论和参与。主流网红《中国国家地理》杂志的B站账号就充分体现了这种运营技巧。该账号直播前会以看图和猜字谜的形式预告下次直播的内容和主要人物。如“一位神秘科考人将于明天下午五点准时露面，他是?”“猜字谜，答一位明天更新的宝藏同事”“明后天不定时掉落新视频，关键词____”。《中国国家地理》杂志B站账号在直播内容、人物甚至时间上设置悬念，让用户们在评论区参与预测，在此过程中能够加深用户对网红机构的人员和内容风格的印象。

（四）营造认同，维系情感

用户往往是出于对主流网红的认同和喜爱才愿意主动参与互动，认同感须要通过能体现主流网红特点的符号来维系。如果这种符号是主流网红的粉丝创造的，就更能起到唤起认同的效果。主流网红朱广权的新浪微博就充分体现了这种运营技巧。朱广权经常在微博中转发来自朱广权微博超话和朱广权微博粉丝群中的一些由用户创作的朱广权的表情包和手绘漫画，同时附上自己的评论来积极地回应粉丝的创作。这些由用户自己创作的表情包和手绘漫画，体现着他们自身对主流网红的独特的记忆和情感，本质上是粉丝对网红喜爱和认同的情感符号。这种情感符号由于是来自粉丝的灵感与实践，因而也更加具有自下而上的情感维系力和共识创造力。主流网红对来自粉丝的情感符号的再传播，不仅能将其中的认同感传递给更多的用户，也能激发粉丝进行持续创作的热情。

（五）赋予“被看见”与“被听见”的机会

每个用户都能在主流网红发布内容下面的评论区中评论，这极大地满足了用户自我表达和交流互动的需求。然而，评论区中的评论往往数量众多，一条评论发布于其中很容易就被淹没了，只有极少数点赞量高的评论才能被看见或被听见，这可能会使一些用户逐渐丧失评论互动的积极性。这时，主流网红须要使用额外的运营手段给予用户“被看见”与“被听见”的机会。如罗翔在B站账号“罗翔说刑法”的运营中就设置了“罗翔读评论”的视频内容环节。罗翔会在每一期的“读评论”视频中挑选评论区中的评论，在视频中截屏展示，并针对评论中的提问进行“一对一”的专门回答和交流。被选中的用户会感到自己的评论成为爆款视频内容的一部分，不仅成为罗翔的素材内容，还被分享给了更多的粉丝。这种“被看见”与“被听见”感会提高用户参与评论互动的积极性。而沈奕斐在每一次直播前都会预告直播主题并邀请用户围绕主题留言或提问，被选中的留言或提问能够在直播的时候得到沈奕斐的解答。用户有了这种留言“被听见”的机会，就会更加积极地与主流网红互动。

二、运营策略：模式创新与数据利用

（一）MCN的内涵、优势及实践路径

MCN即多频道网络，是最早起源于美国视频网站平台YouTube的网红经济运作方式，目前已被应用在国内大多数网红的运营中。MCN不仅要联结网络平台与内容账号，还要整合来自品牌主、投资人和消费者等多方的资源，因而已成为新媒体内容产业链中的重要“中转站”。

MCN对网红的助力主要体现在内容生产、分发与商业变现上。MCN可以扶持网红进行多种形态的内容生产，指导其输出符合平台属性、满足用户需求的高质量内容，以精细化、矩阵化策略将网红生产的图文、短视频、直播等内容分发到社交媒体、短视频、内容资讯和电商等多平台，实现与平台的精准对接。MCN运营在商业变现模式上也更加丰富并符合互联网规律，它不仅使用自身的内容管理系统销售网络广告，实现流量与广告变现，还通过文娱、电商、周边衍生品、与粉丝大V和名人合作等方式进行营销推广和粉

丝黏性维系。专业的 MCN 公司承担了内容扶持、推广、营销与变现的业务，帮助网红与平台方进行合作与博弈，网红就能将主要精力放于创意策划与内容生产，从而与 MCN 实现合作共赢。

因此，主流媒体打造网红记者，同样可以借鉴现有的 MCN 模式，结合传媒行业的专业要求打造全新运作模式。结合国内学者韩诚、韩铁青①、周逵、史晨②对广电类主流媒体转型 MCN 的研究，我们梳理出了针对不同机构打造主流网红的具体路径。

1. 依托自身资源独立创办 MCN

主要有长沙广电成立的中广天择传媒 MCN，湖南娱乐成立的短视频 MCN 机构 Drama TV，山东广电推出的 MCN 机构 Lighting TV，南京广播电视台启动的 WONDER MCN 业务。

此种路径整合主流媒体现有的内容、资金、品牌和人才等资源，根据原有的特色打造垂直内容，扶持媒体员工转型网红发展，以流量变现和电商带货的方法实现商业价值的闭环。这一类模式要求原生的主流媒体组织本身比较健全，具有雄厚的资金和人才实力及品牌号召力。

2. 与商业平台合作建设 MCN 机构

主要有济南广电与贝壳视频合作共建的“鹊华 MCN”，黑龙江广电与贝壳视频合作建设的“龙视频”。这种 MCN 运营路径能结合主流媒体的内容优势和商业平台的流量、渠道优势，加速广电媒体的多元化经营。这一模式适合原本“底子薄”、自身动力不足或缺乏分发与变现渠道的主流媒体。

3. 借鉴 MCN 模式组建融媒体工作室

主要有安徽广电成立的 60 多个融媒体工作室，以及深圳广电成立的融媒体数据新闻工作室和多个广播主持人工作室。这种 MCN 运营路径更加灵活，可以在原有组织架构的基础上根据 MCN 的精细化分工模式进行团队转型，也可以由组织员工自由组合、发挥所长，在业余时间进行网红运营。

---

① 韩诚、韩铁青：《论广电媒体 MCN 转型的现状、困境与发展策略》，《电视研究》2020 年第 8 期。

② 周逵、史晨：《正当性的互嵌：广电 MCN 机构的创新动因与模式分析》，《新闻与写作》2020 年第 10 期。

4. 搭建自主可控的内容生产聚合平台

央视新闻建成5G新媒体平台央视频客户端，并推出了央视主播康辉、撒贝宁、朱广权等主流网红。搭建自主可控的内容生产聚合平台需要主流媒体具有雄厚的资金和技术实力，从而能在与商业公司的合作与竞争中，提升自身的传播力与影响力。

（二）数据分析利用与内容运营优化

在大数据时代，数据分析利用已经成为各媒体机构优化内容运营的重要手段。数据分析能帮助主流网红更好地洞察用户，根据用户需求与反馈调整内容的生产与分发，从而更好地提升传播效果①。

1. 洞察用户画像

借助数据工具，主流网红可以精准描摹出用户画像，包括用户的人口学特征、内容偏好、搜索和消费内容的频次、时间和地点。对用户内容消费行为的准确掌握能够帮助主流网红更有针对性地制作出内容生产和传播的方案，即生产什么内容、分发内容的频次和时间等。

2. 预测内容热点

主流网红要获得持续的热度，就必须使自己的内容尽量地贴近热点，贴近大众的关注点。数据工具可以帮助主流网红监测内容在各互联网平台和渠道的流量变化，从而预判接下来可能的热点话题。主流网红就能据此提前策划内容，在报道角度、话题引导和互动方式等方面去贴合热点逻辑。

3. 评估传播效果

传播效果是主流网红用来优化内容生产和运营的重要参考指标。主流网红可以借助数据工具，评估不同形态的内容在不同平台所获得的点击量、点赞数、转发量等用户内容消费指标，用户在评论区评论的情感态度指标，内容的传播路径和互动性指标。这些传播效果指标的分析可以为主流网红优化内容创作和平台布局提供重要指导。

---

① 周艳、吴凤颖：《数据工具在媒体内容运营中的应用研究》，《现代传播（中国传媒大学学报）》2019年第2期。

第五章
主流网红的传播力提升

第一节　传播人设变革：主流网红的人格化传播

第二节　传播内容变革：主流网红的叙事策略

第三节　传播平台变革：主流网红的差异化运营

第四节　传播场景变革：主流网红的新型社会交往

第五节　传播效果变革：对受众的反馈进行监测

主流网红必须熟练地运用传播原理、知识和技术，遵循网络传播规律，其传播技巧需要与时俱进，不断增强传播力。主流网红结合实际情况选择不同的传播方式，有针对性地调整传播策略，可以有效提升传播效果。

第一节　传播人设变革：主流网红的人格化传播

近年来，移动短视频平台逐渐成为主流网红迅速走红的重要阵地。移动短视频不仅可以通过视听结合的方式展示主流网红的个人形象，还可以协助主流网红和屏幕外的受众进行互动，拉近彼此距离，成为更有效的人格化媒介。因此，标注自身的独特性、打造个人特色对网红增加魅力和提升曝光率十分重要。在这样的背景下，国内学者也将以“人”为主体的传播形态纳入研究范畴①，探究“人格化传播”是否有助于主流网红以及新型主流媒体塑造获得更加广泛的受众认可。

人格化传播，是指“真实或虚拟的媒介代言人综合使用人格化的语言和视觉符号，在传播过程中凸显人的情感、个性和魅力的内容呈现策略”②。数字媒体时代，人格化传播的主体不局限于自然人，符号化的“虚拟人物”、传媒机构、党政机关和企事业单位同样能在传播内容中表现拟人化形象。

一、在平等对话中转换角色

由于传受双方的关系转变，传统媒体那种居高临下、俯视读者的传播姿态被逐渐摒弃，取而代之的是新媒体时代重视“平等”的对话方式。新媒体平台“更加重视人的视角、情感和体验”，凸显人情味的传播内容更受读者

① 朱墨白：《“人设”塑造让报道更“好读”——主流新媒体平台人格化传播演变》，《视听界》2022 年第 1 期。

② 吴晔、樊嘉、张伦：《主流媒体短视频人格化的传播效果考察——基于〈主播说联播〉栏目的视觉内容分析》，《西安交通大学学报（社会科学版）》2021 年第 2 期。

欢迎，且这一点在塑造主流网红的过程中尤其重要。新华社张扬工作室成员李桢宇说："作为一个新媒体视频团队，我们希望尽可能地用具象化的思维，更直观、更感性地展示人物、讲述故事，释放出人物和故事中独有的精神光芒"①。

再以《主播说联播》短视频栏目为例，该栏目是央视《新闻联播》为适应传媒变革新趋势特设的全新的评论板块，正式刊播后的第一个月，微博上"#主播说联播#"话题阅读量便高达7.6亿。在该栏目中，主播们金句频出，网络流行语使用频繁，改变了以往字正腔圆、严肃庄重的"联播腔"，转而使用通俗化、口语化、年轻化的话语方式，并以竖屏短视频的形式呈现。经过"接地气"的人格化传播的策略转型，《主播说联播》成功打造出一个既"刚"又"萌"的亲民人设，顺利出圈。类似《主播说联播》这样通过角色转换而打造新人设的主流网红，还有共青团中央的"团团"、中国人民解放军火箭军的"东风快递"等。

二、塑造接地气的形象

形象塑造指的是主流网红打造"人设"，以具体的形象呈现在大众面前，从而进一步实现"人格化"传播，让网红和受众有互动接触的可能。以个人形式存在的主流网红，不仅可以提供与大众情感交流的渠道，塑造其所在单位或机构有人情味、生动有趣的一面，而且可以作为单位或机构正面形象的补充，以接地气、通俗化的软性表达拉近与读者的距离。比如南方报业传媒集团推出的网红记者以个体形式出现传递主流声音，网红记者背后有专业的运营团队，可以利用大数据等新媒体技术充分捕捉广大受众的需求，并且以此为根据设计网红记者的形象和传播内容。

此外，主流网红所形成的人设，与其所在单位或机构的整体形象反差越大，越是接地气，则更容易受到大众的喜爱。如朱广权打造的人设既展示了他身为央视主持人专业、沉稳的一面，也展示了幽默诙谐的一面，打破了大众对传统央视主持人的固有印象，收获了大量网民的喜爱。可以说，朱广权

---

① 王若辰：《星辰大漠的见证　新华社张扬工作室如何成为"爆款制造机"》，《新华每日电讯》2022年5月25日第4版。

的人设延续了受众对其话语风格的偏好，坐实了“段子手”的形象，给人一种轻松愉悦感。

三、运用社交平台的交流方式

主流网红积极参与到和大众的互动中，尝试着用口语化、通俗化、网络化的交流方式活跃起来，这是他们迅速出圈和走红的方式之一。如国家反诈中心为扩大反诈宣传的影响力和知晓度，不少从事反诈宣传的警官在社交媒体平台开设个人账号，以“反诈警官”形象活跃在社交平台中。警官们并没有端着架子或者是用生硬、官方的宣传方式在社交平台呼唤大家下载国家反诈中心 App，而是遵守社交平台的交流方式，打破刻板印象，以“短视频 + 直播”的形式宣传反诈，并且取得了不错的成效。2021 年 9 月 3 日，“反诈警官老陈”在抖音短视频平台和各位主播连麦 PK，随后“当直播 PK 遇到反诈警察”迅速登上抖音热榜第一。“反诈警官老陈”原是河北省秦皇岛市公安局海港分局反诈民警陈国平，他的目标是“全民反诈，天下无诈”[①]。2022 年 4 月初，陈国平自称遭遇网暴，不想给单位添麻烦，因此选择了辞职。陈国平辞职后专心做主播，其在直播间的一些表现也引发了争议，甚至是负面评价。不管怎样，陈国平宣传反诈知识形成裂变式传播效果，带来了一定的示范效应。其他地方的公安机构和反诈机构也纷纷通过情景剧演绎、改编热门歌曲、拍摄手势舞等方式宣传反诈骗。这种主动走入大众的宣传方式大大提升了反诈教育宣传的覆盖面和精准度，可见交流尝试对主流网红走红的重要性。

需要注意的是，“人格化”传播策略也有其界限。主流网红以个人的方式参与到网民的交流中，固然可以使用有趣的网络用语，但也要谨记自身的本职工作，明晰自身定位，不能流于低俗。

四、主流话语的表达创新

“人格化传播”策略用在表达创新上，体现为主流网红使用“第一人”

---

① 周洁、傅蕾、袁猛、陆爱红：《筑牢安全防线　守护百姓平安》，《人民公安》2021 年第 24 期。

表达视角、展示场景生活化、叙事个人化和情绪外露，达到主流话语表达创新的目的。2019 年 11 月，央视主持人康辉拍摄的 6 条 Vlog 一度成为网络热点。在“康辉 Vlog”中，康辉手持摄像头同时从台前和幕后两个角度向公众立体展示了“大国外交最前线”，实现了硬新闻的“软着陆”。站在康辉的“第一人”表达视角，大众可以更清晰地了解到央视主持人的工作，同时代入媒体的身份走进大国外交现场，使得严肃的政治新闻也变得有趣。正是通过这样的产品，年轻人“对于正在发生的重要新闻事件，有了参与的兴趣，可能会想看一看晚上的《新闻联播》是怎么呈现同一个新闻事件的。这样的一种融合发展、综合传播，能够更好地完成新闻工作者的任务、职责使命”①。

“康辉 Vlog”展示了央视主持的幕后生活，让大众了解到一向以端庄、神秘形象示人的央视主持人原来还有平易近人、生活化的一面。此外，Vlog 十分接地气地揭秘采访流程以及央视配音的秘密武器，这些个人化的表达方式和情感流露既满足了大众对央视主持的好奇心理，又扩大了传受双方的互动空间，使得康辉的主流网红形象更丰满和独特。

第二节　传播内容变革：主流网红的叙事策略

人设的塑造离不开内容的建构，而内容则需要运用叙事策略进行呈现。作为一种融贯经验、建构意义的经典方法，叙事深刻影响着媒介内容的生产以及受众对媒介内容的认知与记忆，叙事策略则意味着话语陈述的原则、方法和技巧。因此，创新叙事技巧就成为提升主流网红传播能力的重要路径。对叙事呈现、叙事路径、叙事主题、叙事视角、叙事结构和叙事修辞的守正

① 吴月玲：《康辉：守正创新，从〈新闻联播〉到 Vlog》，《中国艺术报》2021 年 12 月 13 日第 3 版。

与创新，有助于主流网红消弭官方话语和大众话语间的鸿沟，掌握舆论主动权与主导权，构建社会主义核心价值观指引下的公众话语。

一、可视化中的叙事呈现

信息可视化、可感化和交互性是当今媒介变革的趋势，越来越多的主流媒体变更传统的报道方式，转而使用短视频或其他新媒体技术传播信息。主流网红也逐渐跟上大趋势，选择更加丰富多元的内容呈现方式。

从媒介呈现方式上看，媒体机构为抢夺更多的话语权和流量，打造自家的网红记者团队和网红孵化室，综合短视频拍摄、生活 Vlog、线上直播、线下论坛、大数据分析等多种表达形式，实现记者 IP 化而迅速出圈。如央视新生代记者和主持人庄晓莹、王嘉宁、孙雨彤、果欣禹等，凭借其颜值和才华在网上爆红，央视抓住机会，顺应受众偏好打造记者和主持人个人 IP。这些主流网红在微博、B 站等新媒体平台开通个人账号发布生活视频和工作 Vlog，并且频繁参加央视采访节目、综艺节目、青年大讲堂等，增加曝光机会从而收获更多的流量。央视的巨大传播效应，使得不少媒体借鉴其走红方式打造“美女记者”人设，用网红记者的流量增加媒体的话语权，如黑龙江广播电视台主持人孙晓乐、新华社记者张扬、人民日报记者何洁琼等。

从叙事画面呈现上看，数字媒体技术使得互联网虚拟空间成为现实生活的替代品，已然成为人类日常生活的重要领域。快手、抖音、火山等短视频平台的出现，极大地降低了用户自我表达和自我呈现的门槛，构筑了一个个“人人都有麦克风”的内容生产平台，主流网红要在这海量的碎片化的视频内容中脱颖而出，则需要基于媒介呈现逻辑，找到自己的风格和特色。以屏幕的横向呈现和纵向呈现为例，竖屏呈现使得画面主体突出，容易实现和用户的强烈交互，因而发布一些短、快、碎片化、情绪化的爆点话题或者需要贴近人物、凸显叙事主体的情绪和动作等内容，选择竖屏呈现更佳。此外，竖屏呈现的视频内容聚焦于视觉和听觉效果，无须考虑文本的精心设计，只须考虑背景音乐的使用和人物肢体动作的表演即可。横向呈现则适用于展示宏大现场或者纪实类内容，那些故事叙事完整、要素齐全、有深度的内容可以选择横向呈现。

从呈现的符号上看，语言符号和非语言符号的组合使用也很重要。在

《主播说联播》中，央视主持人多数使用人格化的语言符号和非语言符号，如康辉评论国泰航空事件，说到了“不作不死，听说国泰航空有些人一听到普通话，就假装听不懂，那说英文好了，No Zuō No Die”，这句话就使用了网络用语“No Zuō No Die”这样诙谐的、接地气的语言符号进行表达。人格化的语言符号和非语言符号可以给受众带来心理上的接近性，深化主流网红的个人魅力，若是某些词句恰到好处地表达出此情此景的激烈情绪，则有可能成为主流网红的爆款金句，助其走红网络。

二、多向发展的叙事路径

叙事路径一般指向叙事题材、叙事主体、叙事模式等多种叙事方式的综合运用，不同媒介形式使用不同的叙事路径。传统媒体时代，信息主要的传播媒介为报纸、广播、电视等，其使用的叙事路径也是围绕线性模式展开。新媒体时代的传播媒介逐渐朝着视听结合、互动性、真实性和沉浸式的方向发展，加之互联网去中心化、碎片化的结构特点，叙事路径变得更加多元。2020 年初，新冠肺炎疫情突如其来，由于空间受到限制，无论是传统媒体还是自媒体都无法到疫情前线报道最新消息，这时以 Vlog、短纪录片等为主要类型的短视频发挥了极大作用。央视主持人张竣同时也是 B 站的一位美食博主，被网友称之为“饼叔”的他在疫情期间被央视特派到武汉进行实地报道，张竣用 Vlog 形式记录着武汉的疫情故事，也为大众展现了疫情之下的温情人间。在他的 Vlog 里，有医护人员、志愿者、商店老板、路人等多个人物，主要以“第一人”视角展现，叙事主题也没有限制在医护人员群体，而是以参与者的身份走进抗疫人员的日常生活，并为大众解答疑惑。在视频中，张竣时常跟屏幕外的大众进行互动式报道，他也为此解释道，是因为想要缓解情绪，得到大家信任，因此尽量在报道中改变语态，以一种轻松对话的状态让大家产生情感认同。

以“武汉 Vlog”系列报道为例，张竣的视频内容主要是从受众的信息诉求出发，解答大众的疑惑，如“地铁运营第一天，亲测地铁安全防护严不严”“在武汉买药是一种怎样的体验？亲测”等等。而这种参与式体验的叙事路径也是为受众提供“沉浸式”的体验视角，使用不加修饰的、看似粗糙的视频画面，更能让受众相信这是真实的，产生一种身临其境的真实感。此外，张竣在视频中直接流露的个人情感、行为和动作一定程度上加深了大众对“饼叔”形象的记忆点——专业勇敢、有人情味但品尝美食依然“丑陋扭曲”的美食博主。

由张竣的视频可以看到，主流网红走红的秘籍之一就是将“人格化传播”策略融入内容生产当中，落实到叙事路径就是用“事实＋采访＋自我感受”打造在场沉浸式的个人感受；制造话题或用对话交流的方式实现屏幕内外强烈的互动感；关注受众的求知欲并融入内容生产中，让受众参与到内容的生产当中；突出主流网红形象的个体差异，可以在剪辑中适当制造对比凸显主流网红的特色，如张竣的视频时常用美景、美食和自己扭曲夸张的大脸作对比，给受众留下记忆点，从而塑造个体形象的独特和魅力。

三、宏大与日常交织的叙事主题

“主题”指作品中所要表达的主要思想，是“作品所着力表达的理想或观念”[①]。叙事主题是主流网红叙事的起点，新媒体叙事呈现带来的碎片化蜂巢式结构叙事和无结构叙事对叙事题材提出了更高的要求，若不善于挖掘叙事元素，则易陷于同质化的陷阱中。目前，主流网红叙事还是以政治性话题、正面典型人物和社会热点事件的主旋律叙事为主，但逐渐从宏大主题转向了新颖多元的小人物叙事。

不少主流网红聚焦于时事热点、政治经济、社会民生等叙事主题的同时，也关注日常生活中人性人情美的叙事主题。宏大叙事主题与日常叙事主题交叉推送，既避免叙事远离日常生活，又避免整体叙事的个人主义偏向，二者相辅相成，相互补充。例如，《主播说联播》在叙事主题方面与《新闻联播》具有一致性，聚焦于评述当天的重要话题。但《主播说联播》将硬性的政治性话题进行软化，大量运用党和国家领导人的讲话片段，并以轻松诙谐的网络语言进行评述。同时，《主播说联播》还适时突破了《新闻联播》的题材范围，涉及生态环境保护、节日策划宣传、央视主播推荐等，打造了多元化信息传播的新格局，拓宽了受众范围。

---

① 郝敬波：《现代文学传统与白先勇短篇小说的叙事主题》，《中国现代文学研究丛刊》2011 年第 12 期。

地方政务网红在叙事主题上更具有区域的贴近性，在进行地方政务宣传之余，也积极报道与实际生活密切相关的人物和事件。曾被评为最具影响力的警务抖音号“四平警事”是吉林省四平市公安局创办的抖音账号，其叙事主题主要为法治题材，围绕网络诈骗、扫黑除恶、酒驾等违法行为演绎了一系列警察与坏人斗智斗勇的幽默自创情景短剧，非常贴近日常生活。

网红记者则更多展现的是采访后台的内容，同时还承担着知识普及、文化宣传、传播主流价值观等功能。例如央视新闻所发布的“康辉 Vlog”系列，从视频开始到收官，整个内容围绕“大国外交”的历程以时间顺序展开，康辉介绍了出发前的准备、访问的现场、幕后的细节等内容，新闻采访现场从前台到后台的转变带来叙事主题的创新。

四、灵活转换的叙事视角

叙事视角是叙述者观察和叙述故事的角度，即叙述者或任务与叙事文中的事件相对应的位置或状态。不同视角会呈现不同的故事内容，具有不同的故事倾向，最终导致的结果和意义也不相同。“神舟十三号”发射前夕，新华社张扬工作室制作播发了短视频《王亚平女儿：我想让妈妈为我摘一颗星》，以孩子的视角呼应王亚平此前接受采访时说的“为女儿摘星星”，孩子充满童真的那句“只想让妈妈摘一颗星星，不然天就不亮了”再次引发全网刷屏[①]。

法国结构主义批评家热拉尔·热奈特（Gérard Genette）将叙事视角分为非聚焦、内聚焦和外聚焦。非聚焦又称为零度聚焦，这是一种传统的、无所不知的视角类型，叙述者或人物可以从所有的角度观察被叙述的故事，并且可以任意从一个位置移向另一个位置；内聚焦视角则完全凭借一个或几个人物的感官，只转述这个人物从外部接收的信息和可能产生的内心活动，而对其他人物则像旁观者那样，仅凭接触去猜度、臆测其思想感情；在外聚焦型视角中，叙述者严格地从外部呈现每一件事，只提供人物的行动、外表及客观环境，而不告诉人物的动机、目的、思维和情感。同时需要说明的是，

---

① 王若辰：《星辰大漠的见证　新华社张扬工作室如何成为“爆款制造机”》，《新华每日电讯》2022 年 5 月 25 日第 4 版。

“叙述者虽以第三人称口吻讲故事，但采用的却是故事中某个人物的视角，并将这一特定的视野范围贯穿于作品的始终”[①]，仍属于内聚焦视角。

不同的叙事视角带来不同的效果。非聚焦视角擅长作全景式的鸟瞰，适合表现时空延展度大，矛盾复杂，人物众多的题材。内聚焦视角则可以充分敞开人物的内心世界，淋漓尽致地表现人物激烈的内心冲突和漫无边际的思绪，进而缩短作品中人物与受众之间的距离，使受众获得一种亲切感。但由于视野限制，内聚焦视角难以把握整个故事的来龙去脉。外聚焦视角是最为客观的一种呈现与记录，在不呈现人物所思所想的同时展现事件，给人以神秘感，激发读者阅读的欲望。

主流网红对不同叙事视角的选择，直接反映了新型主流媒体在进行话语设计时的受众意识以及受众沟通能力，也是“转作风”“改文风”最为直观的反映。与传统媒体多采用非聚焦、外聚焦的视角选择不同的是，主流网红多采用内聚焦的视角。叙事视角的创新也在一定程度上拉近了主流话语与大众话语的距离，消弭了二者之间泾渭分明的鸿沟[②]。

官方政务网红多采用内外视角并行的叙事[③]，例如四川广播电视集团旗下的官方抖音号“四川观察”，很多视频来自用户的投稿，以旁观者的外视角叙事为主，客观记录新闻现场发生的事件，还原新闻现场。一些需要记者进一步挖掘新闻背后内容的视频，则运用了内视角。如 2020 年 3 月 20 日的“三星堆遗址重大考古发现”视频，就是从记者的内视角出发，对网友的提问“偷三星堆文物是否会被判死刑”进行解答，使网友对问题的了解更加深入。

网红记者则更多采用内聚焦视角进行叙述，即记者并未掌握事件的全部信息，而是带领受众一同去感受、体验和探寻事件的全貌，从而与受众进行更为平等和直接的交流。例如央视推出的《康辉的 Vlog 也被抢镜》，记录了国家主席习近平出席在希腊雅典举行的欢迎仪式。康辉以个人视角介绍了希腊雅典卫队的特色服饰以及标志性动作的现场细节，从开头部分的过安检到

① 胡亚敏：《叙事学》，华中师范大学出版社，2004，第 29 页。

② 刘果：《新型主流媒体的叙事嬗变与话语创新》，《武汉大学学报（哲学社会科学版）》2020 年第 4 期。

③ 覃小倩：《“四川观察”抖音号短视频的叙事研究》，《视听》2021 年第 7 期。

进入指定区域采访，都加入了个人的感受："做记者还真的需要点耐心。"内视角的运用为严肃的时政新闻增添了趣味和人情味的元素，消解了严肃时政新闻带给观众的距离感。

五、开放性的叙事结构

叙事结构指在整体中各种不同成分之间和每一成分和整体之间获得的关系网络①，作为一种相互对立又相互限定的分类框架，直接决定了文本的呈现形式②。传统媒体的叙事结构多以"倒金字塔"模式为主，主流网红也基本延续了这一特征，将最重要、最相关的信息高度概括地置于文本最显著的位置，先总体后细节的叙事格局仍是主流。但在传统叙事结构的基础上，主流网红的讲述又呈现出交互性、开放性的特点。

在官方政务网红的产品中，图片、动图、音频、视频等元素的穿插，不仅是对文本线性叙事链条的打破，更建构了"文字—图片—声音—视频"协同呈现的叙事格局，共同营造一个既连续、完整又多线并存、相对独立的叙事时空，使读者可遵循多种线索展开阅读。例如全国"两会"期间，央视推出多项新闻产品，在抖音平台推出专属定制短视频节目《一禹道"两会"》，在 2 分钟内分享一个"两会"议题，让抖音用户能利用通勤、休息等碎片化时间，快速了解"两会"动态与相关知识；推出 H5 新闻产品《"两会"你我他——总台帮你问》，征集公众关心的"两会"问题和建议，近百万名用户参与讨论；推出短视频节目《看"两会"·字有深意》《你好，代表》《你好，委员》，提升节目热度的同时引发更多网友关注新闻和"两会"报道。央视围绕"两会"这一议题，在不同媒介平台上推出不同的新闻产品，呈现出互文性的特点，形成跨媒介叙事。

网红记者和主持人叙事结构开放性的特点则更加突出，例如《主播说联播》对网友的留言不只是简单在留言区展现，而是以弹幕的形式在当天节目内滚动呈现，甚至由主播们念出，回应网友关注的问题。这些穿插在常规叙

---

① 杰拉德·普林斯：《叙述学词典》，乔国强、李孝弟译，上海译文出版社，2011，第 219—220 页。

② 刘果：《新型主流媒体的叙事嬗变与话语创新》，《武汉大学学报（哲学社会科学版）》2020 年第 4 期。

事结构中的互动，增强了与受众同场的感觉。

主流网红团队致力新媒体产品形态的研究和创新，必然收到更多受众正面的反馈。“相比于有些模式化的传统新闻播报，大家在新媒体端更想看到一个真实的人，看到第一视角的体验和感受。”[①] 主流网红以交互式叙事格局的书写与表达，实现对用户关系的再认识[②]。这丰富了数字内容生产的规律，也为正面宣传、政策解读等意识形态性内容赋予了新的活力，真正做到了“让党的声音传得更开、传得更广、传得更深入”，以实现“扩大主流价值影响力版图”的目标。

六、恰切的叙事修辞

在叙事学领域，美国叙事学家詹姆斯·费伦认为“叙事是指作者向读者传达知识、情感、价值或信仰的一种独特而有力的工具。只要作者叙事的目的是传达知识、情感、价值和信仰，就可以把叙事看作修辞”[③]。主流网红最终目的是劝服受众，进而传播知识、价值和情感，因此需要高度重视叙事修辞的策略创新，开创性运用各种有效、恰切的修辞手段。

斯蒂文·小约翰在《传播理论》中将运用修辞的目的分为劝服和互动两个方面。劝服指通过比喻、比拟、双关等修辞，使客观事实性的内容起到象征作用，而在象征活动中，受众会不自觉地处于一种认同的场景中，从而达到共同行动的效果。互动则是指通过设问、反问、夸张等修辞，激发受众思考。例如，《主播说联播》采用了比喻、双关、反问、引用等修辞手法。以引用为例，《主播说联播》中以明引为主[④]，其中引用主要有两部分，一部分是引用党和国家领导人的讲话，如 2020 年 2 月 23 日《主播说联播》播报：“针对当前疫情形势，习近平总书记强调，必须高度警惕麻痹思想、厌战情绪、侥幸心理、松劲心态，不获全胜决不轻言成功。”通过引用习近平总书

---

① 王若辰：《星辰大漠的见证　新华社张扬工作室如何成为“爆款制造机”》，《新华每日电讯》2022 年 5 月 25 日第 4 版。

② 刘果：《新型主流媒体的叙事嬗变与话语创新》，《武汉大学学报（哲学社会科学版）》2020 年第 4 期。

③ 詹姆斯·费伦：《作为修辞的叙事》，陈永国译，北京大学出版社，2002，第 23 页。

④ 刘会：《浅析〈主播说联播〉节目修辞手法》，《声屏世界》2020 年第 17 期。

记的讲话，主播后面评论的观点态度具备权威支撑，同时起到上情下达的作用。而另一部分引用网友的评论，如2022年2月13日，主持人提到“有央视新闻网友说‘每天爬起来的动力就是看比赛’”。对网友评论的引用也使得节目与受众的关系更近，增强了受众的参与感和亲切感。

第三节　传播平台变革：主流网红的差异化运营

随着互联网的不断发展，传播渠道不断拓展，各类新的传播平台被催生，按照内容的不同，可分为资讯平台、视频为主的短视频平台以及基于用户关系的内容生产、交换的社交平台。法国学者德布雷认为：“每一种新媒介出现都产生与之对应的媒介圈，形成基于媒介技术与介质特征的传播生态。”[①]抖音、快手、微博、B站等平台以自身的媒介特质形成了独特的传播生态，其流量密码也均不相同。比如抖音平台的内容以社会民生信息为主，以碎片化的形式呈现美好生活；B站对视频的剪辑要求和内容质量要求更高；微博平台则以热搜榜吸引关注，重视话题热度。各平台的不同属性决定了各平台用户的习惯，从而形成了不同的传播语境、传播规律。主流网红要实现出圈，必须依据不同平台的现实情况，调整思路，创新表达，实现差异传播与运营。

本节以“四川观察”为例，阐明其在社交平台和短视频平台的传播特点与运营模式，以期为其他媒体发展提供借鉴。

一、策划话题登上微博热搜榜

新浪微博2021年第一季度财报显示，微博月活跃用户达5.3亿，日活接近2.3亿，稳居我国移动社交领域的第一梯队[②]。如今微博已成为大众获取、

---

① 雷吉斯·德布雷：《媒介学引论》，刘文玲、陈卫星译，中国传媒大学出版社，2014，第48页。

② 唐艳芬：《论微博热搜的运行机制与改善路径》，《传媒》2021年第24期。

分享、传播信息的重要途径。截至2022年2月12日，“四川观察”微博账号的粉丝量为794.8万，累计转评赞数达4025.6万，并经常上榜微博热搜。

（一）策划话题，引爆热搜

微博热搜榜是判断社会热点的依据之一。所谓“微博热搜”，指的是短时间内微博平台用户搜索信息的热度排行，针对搜索引擎带来最多流量的几个或几十个关键词，在综合考量用户搜索、关注、浏览、点赞、评论等行为后，经算法处理推送的搜索量最高的关键词。因此，策划话题登上微博热搜榜，是影响力扩大的重要途径。

打开“四川观察”的微博账号，可以发现其每一条编发的内容几乎都随文附带话题，例如发布消防员跳水救人的新闻时创造“#00后消防员跳河救人后冻得发抖#”话题，发布冬奥会期间教练进行滑雪转圈教学的新闻时创造“#滑雪教练示范转圈学生全跪了#”话题，发布父亲送女儿上学新闻时创造“#爸爸蹚雪扛30斤行李箱送女儿#”话题。“四川观察”通过创造话题的方式，使得新闻的主题得以突出，用户能迅速把握新闻点，同时其他媒体、个人转载后能对自身传播有所助益，扩大话题的影响力，为登上“热搜榜”助力，从而实现多赢。例如“#滑雪教练示范转圈学生全跪了#”话题，8小时内获得2571.1万浏览量，登上伊犁同城榜第一，并获得人民网、中国日报等几十余家媒体转载。既紧跟了热点，又赢得了流量，给用户带来了冰雪的欢乐。再例如“#爸爸蹚雪扛30斤行李箱送女儿#”48小时内取得163.9万的浏览量，并引得人民网等几十家媒体转载。虽然该话题未曾登上热搜榜，但在全民沉浸于冬奥盛会的热情下，该话题能获得如此关注，亦十分可贵。由此可看出，创造话题成为“四川观察”夺取微博流量的制胜法宝。

（二）团队运作，持续输出

话题的引爆，除开以上提到的话题本身紧跟热点、突出主题外，团队对话题的持续输出亦十分重要。例如2020年11月成都举行向四川全省抗击疫情和防汛救灾工作中的英雄致敬亮灯活动，“四川观察”同步直播点亮后的成都，并创造“#成都地标亮灯致敬抗疫英雄#”话题。但该话题的信息更新贯穿于亮灯仪式始终，该日亮灯仪式前两小时，“四川观察”在该话题内发布直播预告，为活动造势；亮灯仪式开始，“四川观察”带话题同步直播，带领用户沉浸式体验；亮灯后，“四川观察”在话题内发布剪辑版亮灯视频，为未能参与活动的用户提供了解途径。通过持续输出的方式，使得话题热度不断上升，最终该话题获得487.2万的浏览量，影响广泛。

而成都的亮灯仪式由来已久，早在2019年9月，就进行了一场成都地标全线亮灯活动。“四川观察”进行同步直播，并获得广泛关注。当日直播上榜热搜，话题浏览量破亿，评论数上万，并被人民日报、央视新闻等转发。从“四川观察”团队的回顾来看，此次话题成为爆款，离不开整个团队的合作运营。前期，团队深度参与了整个直播产品的策划，并提出了网络传播的宣发点，以及如何拆条的思路，甚至小到一张海报，也制作了与客户端使用完全不同的，更加符合新媒体平台要求的海报图[①]。通过团队合作、资源整合，此次话题策划引爆微博。

二、借助短视频靠实力圈粉

2021年1月5日发布的《2020抖音数据报告》显示，抖音日活用户数突破6亿人次，日均视频搜索次数突破4亿[②]。抖音等短视频平台以其碎片化内容、视觉化传播、趣味化表达以及地域化突围成为当前受众获取信息、休闲娱乐、社交互动的媒介工具，为区域媒体借助短视频实现弯道超车提供了优选路径。

“四川观察”借助短视频迅速发展，圈粉无数。截至2022年2月12日，“四川观察”抖音号粉丝量达4762.7万，获赞达30.9亿；发布作品共15 790个，日更新量可达30条。

（一）高频发布，刷“存在感”

相比于央媒及其他地方媒体，“四川观察”的更新频率可称为传统媒体在短视频界的“劳模”。例如冬奥会期间，“四川观察”持续推出与冰雪、奥运相关的视频。以2022年2月10日为例，“四川观察”围绕冬奥吉祥物、运动员、普通民众不同视角相继发布了苏翊鸣夺冠事件、乌克兰男子挑战冰河

---

① 苟希敏：《区域广电新媒体内容生产与运营研究——以〈四川观察〉为例》，《西部广播电视》2020年第41期。

② 周仁玉：《破圈与反哺：区域媒体抖音短视频传播力探究——以“四川观察”为例》，《电视研究》2021年第8期。

溺亡事件、羽生结弦赛事离场画面、中国选手相互鼓励画面、四川滑雪小将伤后受访视频、浙江理发师创造“冰墩墩”发型、四川滑雪小将比赛视频、谷爱凌解析“1620”夺冠视频。同一主题不同角度的密集发布，满足了数字信息时代用户对于海量信息的需求，同时也保证了账号在抖音用户中的“存在感”，使得“四川观察”的名称与头像成为用户群体中的“熟客”。

“四川观察”高频发布的特色，成功在用户群体中“混熟”，账号与粉丝间的黏性得以形成，甚至出现账号不发，粉丝就“想”的奇观。为此，我们常常能在评论区看到粉丝“催更”，如“不能休息，给爷冲”“休息39分钟了，还想不想1亿粉了”“你的目标是2亿！不要停！停了我就催更”“已经5分钟没更新了，是不是地球新闻太少了，不行就观察观察月球火星啥的”，这届网友可谓是“操碎了心”。从这也能看出“四川观察”已与粉丝建立起良性关系，实现了用户黏性的最大化，从而利于固定粉丝群体的形成，为账号长远发展打下坚实基础。

值得注意的是，高频发布并非实时发布，“度”的把控十分重要。“四川观察”的发布时间基本为早上8点至晚上12点，更新频率基本为1小时1条，使得信息发布不“扎堆”，保证粉丝群体对账号的适度关注，而又不产生厌倦感，从而实现视频新闻既高频又稳定地输出，保障粉丝黏性。

（二）平等对话，以“评”交友

“粉丝关键词推荐”“平台关键词推荐”和“用户裂变打造爆款视频”是抖音平台的流量密码。因此，运营抖音号就是看“内容的质量”“与粉丝互动情况”来持续推荐给匹配的用户①。美国社会学家兰德尔·柯林斯提出，“互动仪式”的核心机制是“高度的相互关注”②。不同于互动要求较高的直播带货，短视频平台的评论、点赞、转发的互动门槛低，可操作性强。用户通过评论功能对话题进行点评，与发布主体展开讨论，并通过点赞、转发功能实现内容的裂变传播。

前面提到粉丝催更“四川观察”，便是用户与发布主体进行积极互动的

---

① 苟希敏：《区域广电新媒体内容生产与运营研究——以〈四川观察〉为例》，《西部广播电视》2020年第41期。

② 兰德尔·柯林斯：《互动仪式链》，林聚任、王鹏、宋丽君译，商务印书馆，2012，第79页。

表现。然而更值得学习的是，“四川观察”面对粉丝催更的态度。作为主流媒体，“四川观察”并不认为自己高高在上，将评论束之高阁，视而不见，而是“放低身段”，以平等视角，回应催更，真正做到与粉丝“处朋友”，一起“玩梗”。为了回应催更，“四川观察”还特意制作一期搞笑视频，直言“这届粉丝太难带了”，自嘲“生产队的驴也受不了啊，我太难啦”。此种“玩”到一起的风格使得账号被赋予“人味”，粉丝也在评论区直呼“你根本不像一个官方，像个人号”，该评论也被众多粉丝认同，并获得5.5万的点赞量。在网络这个虚拟的公共空间中，“四川观察”突破以往官方账号的严肃形象，通过评论功能与粉丝的真诚、平等互动，让粉丝感受到亲切、幽默、可交流，与用户产生情感联系，成为网友的虚拟朋友，赢得用户青睐。

（三）“观观爆料”，共享共创

“四川观察”曾一度被网友调侃“除了四川，哪都观察”，被网友取名“四处观察”。“四川观察”发布的内容并不局限于四川本地，全国各地甚至全球的新闻都被其纳入囊中。由此也可以看出，“四川观察”的账号定位从来不是地方媒体，而是以发布用户喜闻乐见的新闻为导向，实现海量信息的挑选发布。

但受制于人力有限和版权问题，“四川观察”并不能轻易获得海量原创视频。为此，“四川观察”开发小程序“观观爆料箱”，为广大用户群体提供投稿渠道，并可获得相应报酬。该小程序与“四川观察”抖音号形影不离，账号编发的每一条推送下方都可看到“观观爆料箱”，为用户投稿减少阻碍，创造方便。在小程序内，可看到各网友的爆料视频，并附有相应报酬，诸如“50元”“100元”“太平洋全国电子观影券2张”等。此种投稿审核的透明化，为用户投稿减轻了心理顾虑，也从侧面反映了“四川观察”作为官方媒体的可信任可求证。

除了投稿小程序，“四川观察”的编辑也始终“泡”在网上，发掘有趣、有料的视频。普通拍客一不小心便可能被“盯”上，成为“四川观察”的稿件来源。例如“兰博基尼炸街”“居民楼起火”“男子雪天倒夜壶”等社会民生新闻均是转载自普通拍客，此种模式也正发展为“四川观察”抖音号内容发布的主要来源。

有了海量的投稿来源和发掘渠道，“四川观察”得以与用户共享共创，新闻素材得以源源不断地流入，再经编辑的审核、编辑、发布，账号内容发布的质量得以保障，从而实现账号的长久发展。

但需要引起注意的是，“四川观察”虽然爆红，成为网红媒体，但其发展模式也存在弊端，其他媒体学习时亟须注意。在当下，媒体走红离不开流量加持，而算法推荐在流量分配中扮演关键角色，账号垂直度、是否首发、内容独创性是重要指标[①]，而“四川观察”四处观察的模式并不受算法青睐。虽然“四川观察”通过对海量信息的搜集，使得“百里挑一”的内容保障了发布的质量，但由于发布内容广布于各个领域，未能形成账户自身特色，使得账号地位模糊。今日的热门内容是北极的冰雪，明日是泰国奇闻，今日是娱乐八卦，明日是社会民生，此种“什么能火就发什么”的模式使得用户无法把握平台属性，从而无法进行精准的用户画像，也增加了账号主体进行变现的难度。

第四节　传播场景变革：主流网红的新型社会交往

网络直播已成为当下新媒体平台最具热度的传播形式，由此衍生而来的电商直播亦风行一时。与PC（Personal Computer，个人计算机）时代的互联网传播相比，移动时代场景的意义大大强化，移动传播的本质是基于场景的服务，即对场景的感知及信息（服务）的适配[②]。网络直播带来的场景变革更深刻，传受双方信息适配过程更复杂，主播们会根据用户的需求回答问题、变更话题，满足受众的实时信息需求。同时，沉浸式的泛在直播，消解了前台和后台的界限，表演者和观众、主播和受众之间的场域边界逐渐消弭。这些无不表明，网络直播下传者与受者之间的社会交往更加深入，交互体验更

① 易艳刚：《“四处观察”与转型歧路》，《青年记者》2020年第27期。
② 彭兰：《场景：移动时代媒体的新要素》，《新闻记者》2015年第3期。

加丰富、沉浸。主流网红须抓住新型传播场景的逻辑，充分利用平台优势与受众建立深度关系。

一、直播平台营构全新媒介生态

随着直播平台的快速发展，互联网迎来了“全民直播”的时代。作为当下火热的引流方式，各行各业都在直播这一风口上寻求突破或转型。网络直播区别于传统的电视直播，搭载着高速发展的移动互联网技术，它改变了单一的传播场景，变革了信息交互的特点和方式，推动媒介生态重塑。

（一）重视交互与关系建立

首先，直播平台能够实现实时双向互动，主播可以直接面向用户对话，及时回应受众的信息需求，受众不仅能够与主播，还可以与其他受众通过弹幕或评论进行交流，直播间就是一个多人实时互动空间。其次，直播可以给人带来沉浸式的观看体验，将场景或物品全方位向受众展示，大大提升了视觉感知效果，扩展了信息丰富度。与此同时，网络直播进一步打破了时空限制，借助高速的网络传播技术实现随时随地实时转播，高度的移动化特点使其具备场景适配性，能够为受众提供跨屏个性化信息服务。最重要的是，直播不是简单的一点对多点的广播，主播与受众之间的关系也不再是一高一低，双方的距离在这一竖屏仪式中被无限拉近，直播变成一种社交方式，受众可以出于喜爱或认同等情感自发参与这一社交互动，与主播和其他受众的关系更加密切。

网络直播具有巨大的商业开发价值，许多普通网红通过娱乐化、生活化的直播展现个人魅力，收割大批粉丝，获得可观的经济利益。主流网红有别于普通商业网红，作为主流价值观的践行者，必须传播积极、正面的优质内容。其在运营策略上难以移植复制其他泛娱乐网红的经验，但也可以充分利用直播的优势特征为自身赋能，顺应新传播语境。

（二）创新直播主题和形式

电视时代的直播通常是重大媒体事件的播报，例如节日庆典、体育赛事直播等，主题一般正式而宏大。在移动时代，受众对于前台的仪式逐渐褪去新鲜感，他们更想看到后台的披露，常态化、接地气、亲民化的主题会更具吸引力。主流网红需要走出传统思维的局限，抓住直播的碎片化和适配性特征，创新直播主题和形式，扩大题材，丰富主题，走进受众的生活中，了解受众想看什么、喜欢看什么。

除了重大活动和突发事件，一些碎片化、个人化和生活化的主题也能够适配网络直播场景，为受众提供丰富的内容服务。在内蒙古锡林郭勒盟多伦县，县长刘建军是当地首屈一指的“直播网红”，除了直播办公日常、网民问政外，还将直播间拓展到办公室之外，突袭夜市，视察菜地，既为受众带来别开生面的内容，又是脚踏实地为百姓服务，可谓一举多得。

（三）协同用户内容共创

新媒体时代内容产品的形态越来越视频化，产品的性质越来越人性化，内容生产模式也发生了改变，从封闭式生产走向开放式生产，形成了一种协商、对话的内容生产机制①。积极与受众互动共连，与用户共创内容。随着受众的参与性增加，受众不仅仅满足于接收信息，更希望发表自身观点和展示自我，参与信息的生产与传播过程。事实上，受众生产的内容是以第一人称视角描述的，同一身份的叙事更能让受众产生代入感、认同感和信任感。在主流性的官方话语难以突破流量口的情况下，让受众作为直播的内容生产主体，与主流交汇，或许会产生更大的传播能量。2016 年为纪念红军长征胜利 80 周年，新华社联合腾讯视频推出网络直播节目《红色寻根》，借鉴户外综艺的拍摄元素，以三个年轻人的视角再现长征故事。节目除了结合三个年轻人的亲身体验讲述长征期间的重大历史事件，还在直播中设置弹幕，拓宽了和受众的对话渠道，成功赋予了该节目强大的互动力和传播力。

（四）善用科技助力传播

借助移动互联网技术，直播得以在传播速率、内容形式上实现创新突破，为受众带来独特的沉浸体验。“5G + 8K”技术可以实现高饱和的色彩和超高清晰度，令直播画面自然流畅、细节毕现。智能 AR 直播眼镜可以让使用者通过眼神指挥摄像画面，使其与使用者的眼中之景保持一致，同移动，共观景。AI 虚拟主播也是 AI 技术的一项重大创新和突破，给新闻领域注入智能

① 陈芝，李智：《新媒体传播时代基于用户中心的内容生产刍议》，《江西师范大学学报（哲学社会科学版）》2021 年第 6 期。

活力。2020年，搜狗联合新华社推出AI主播“新小微”，并投入全国“两会”报道运用中，她可以实现“自由穿越”式的跨场景报道，还能与多地嘉宾同时连线、实时互动，成了“两会”现场上吸睛的“网红”。

二、电商平台架设跨界合作桥梁

近年来，主流网红顺应时尚潮流，在电商平台上亦有所发展，进军直播带货领域，如公益助销农产品等。电商平台强大的连接功能，为跨界合作架设起桥梁。

（一）“人货场”的关系维系

传统电商虽然给人们的生活带来了巨大便利，但其商业模式依然脱离不了“人”找“货”的传统机制。消费者需要在成千上万的商品中精挑细选，搜索、了解、对比并筛选出满意的商品后，才能进行下单。消费者仍然要花大量的时间精力在橱窗面前了解商品信息，只不过电商形式下的“橱窗”内容更丰富、场景更即时。电商直播是直播形式的丰富，也是电商模式的革新，其核心逐渐从商品转移到电商主播身上，消费者的购物过程从“人找货”向“人找人”“人找场”转变，因此主播所搭建起的场域则成了成功传播的关键要素，而这也成为主流网红参与电商领域的核心和切入要点。

主流网红在媒体和社会上一般扮演着正面积极的角色，参与的直播带货通常具有公益性质，多为助力农产品销售、增进乡镇旅游发展等。

（二）激活流量和商业转化

我国网红经济早期聚焦注意力营销的“流量”模式，逐渐向以产品销售为最终诉求的“带货”模式演化，形成了以圈层为基础的“新网红经济”①。主流网红在电商领域上有着天然优势，但是长期来说，当受众的新鲜感散去，电商说服效果也面临着边际效益递减的问题，掌握平台活化和增量引流的技巧策略尤为重要。

在销售商品上，把握产品特点，优化带货选品组合。直播带货的直接目的是增加商品销量，在一场时间有限的直播里，如何在众多产品中挑选最有

---

① 朱春阳、曾培伦：《圈层下的“新网红经济”：演化路径、价值逻辑与运行风险》，《编辑之友》2019年第12期。

市场价值的商品，如何平衡不同品类、不同价位商品的比例以创造最大化利润，是前期重要的准备工作。因此，主流网红需要结合商品特点，了解当下市场需求，抓住用户心理，既达成公益助销的目的，又迎合消费需求创造市场价值。

在主播定位上，打造独特风格，创立个性化品牌形象。在直播带货中，主播既承担着提供产品信息的任务，又作为有特殊意义的角色维系与消费者之间的关系。主播的风格、形象和可信度等要素构建了他们独一无二的识别特征，作为品牌资产的一部分，影响着消费者的认可度和购买意愿。

探索跨界合作，下放话语权。主流网红如果能将官方和民间两大场域融合起来，实现身份标签的扭转和话语界限的突破，可能会达到“1 + 1 > 2”的传播效果。2020 年，“央视段子手”朱广权搭档网红主播李佳琦开展“谢谢你为湖北拼单”的公益直播，别出心裁的内容风格碰撞引来了受众狂欢式的观看，2 小时内直播间累计观看量达 1.22 亿人次，累计卖货价值 4014 万元。

孵化专业团队，持续优质内容输出。直播电商的运营从策划到落地，需要依靠营销人员、技术人员等的专业支持，以完成各个环节的相关业务工作。注重新媒体人才培养，建设一支专业团队，适应网络传播和数字营销的思维，方能持久输出高质量、高价值的内容，让消费者建立长久的忠诚度。

第五节　传播效果变革：对受众的反馈进行监测

主流网红通过自身的影响力和号召力，代表主流媒体或官方政务进行“微议程设置”，是对主流媒体议程设置功能的加强[①]。近年来，主流网红的

---

① 何思瑶、孟群：《新媒体语境下“网红记者”的行与思》，《青年记者》2021 年第 22 期。

实践得到了网友的广泛关注，取得了较好的传播效果。

一、传统媒体“流量化”探索见成效

随着年轻网民占据主体，主流媒体开始将大量年轻编辑、记者投入互联网主战场，其“流量化”探索取得良好成效。因为年轻人最懂年轻人的喜好，他们会用年轻一代群体喜闻乐见的方式，如第一人称视角的 Vlog、时尚动感的音乐、特效、花字等进行报道展示[①]。以历年来全国“两会”报道为例，如今大部分媒体都会选派年轻且有实力的记者，越是新人就越容易和年轻人有共鸣，这是各家媒体竞争的基础，再加上抖音、微博、B 站等平台的加持，主流媒体获得了前所未有的流量。2019 年“两会”期间，中国日报的记者彭译萱凭借“小彭 Vlog”火出圈，将严肃的“两会”报道变得通俗、接地气。《小彭 Vlog：小姐姐的“两会”初体验》，短短 5 分钟的视频中，从记者小彭的叙事视角出发，将镜头对准自己，开头她为参加“两会”在家挑衣服，充分展示了职场小白参加重大活动的紧张与期待，用贴近年轻网民的表达方式引起观众的共鸣感。

彭译萱在 2019 年的“两会 Vlog”中走红后，建立了自己的专属栏目——“小彭 Vlog”。截至 2022 年 2 月，微博话题“#小彭 Vlog#”获得 1.9 万次讨论，阅读量 6028 万。其微信推送，几乎每期都达到 10 万 + 的阅读量。

二、“软表达”更容易入眼入心

2020 年新冠肺炎疫情期间，“深圳卫健委”微信公众号凭借其巨大的阅读量、接地气的选题、诙谐的文笔和极具“网感”的排版方式，从众多政务号中脱颖而出，被南方都市报评为“广东 21 地市卫健政务新媒体健康传播力十强”榜首[②]。“深圳卫健委”的公众号推文内容一般以讲故事的方式进行导入，结合短视频、长图漫画等多种视听化形式进行创新，从而实现内容可读性强、易传播，摆脱传统政府公众号说教的叙事框架，从小切口出发解读国

---

① 殷张鹏、严纯：《Vlog 在新闻报道中的应用研究——基于 2019 年两会报道期间新闻记者对 Vlog 的使用》，《新媒体研究》2019 年第 10 期。

② 南方都市报记者：《广东 21 地市卫健政务新媒体健康传播力哪家强？深莞穗领先》，https：//ishare. ifeng. com/c/s/7w5gs65CdwC，访问日期：2022 年 3 月 17 日。

家政策，实现了健康科普职能从“硬”宣传到“软”教育的过渡[①]，让呆板教条的说教变成有吸引力的科普推广。

三、共情传播引发价值认同

新媒体时代的价值引导，需要借助共情传播，使用户感同身受。如共青团中央通过在青年群体喜欢聚集的平台传递主流价值观，让主流价值观融入网络亚文化，从而引导他们树立正确的青年价值观[②]。以共青团中央的 B 站账号为例，截至 2022 年 2 月，账号粉丝数已达 950. 6 万。在播放量排名前十的视频中，《总理，您听到了吗？飞机再也不用飞两遍了》《“你为什么要入党?”“你看你问的……”》等视频展现了祖国的繁荣昌盛。也有像《那年那兔那些事儿》这样的动漫，以我国的历史事件为依据讲述了一个个感人故事，角色与角色之间的互动，能够让观看者产生情感共振，并学到不少历史知识。

四、社会公益性层面的感召

2020 年，一条策马扬鞭驰骋草原的视频，让当时在短视频平台直播带货的新疆昭苏县副县长贺娇龙一夜走红。类似的网红官员或者网红记者直播助农的例子还有很多，他们与一般的商业网红相比，有着不可比拟的公信力和内容生产力，提升了直播的权威性、公益性和参与性。同为扶贫带货，网红官员、记者的主要意图是响应国家推动复工复产的号召，利用他们的影响力营造自强自立、团结互助、共渡难关的舆论氛围[③]。

当然，主流网红也要加强对传播效果的监测，利用大数据、智能媒体等技术，及时根据受众反馈和网络舆论进行传播内容或传播方式的调整。

---

① 郑泽宇：《健康类政务新媒体传播创新研究——以“深圳卫健委”公众号为例》，《新闻前哨》2021 年第 8 期。

② 陈诗琪：《让主流价值观融入网络青年文化——以共青团中央在 B 站的账号为例》，《西部广播电视》2021 年第 22 期。

③ 刘斌：《场景融合与身份转变：媒介情景论视角下“网红”副县长带货现象分析》，《新闻传播》2021 年第 23 期。

第六章

主流网红服务社会功能的发挥

第一节　议程设置、舆论引导与政民互动

第二节　以流量效应助力网络经济发展

第三节　以人为本服务民生

第四节　主流网红外宣功能拓展

第五节　主流网红承担的文化功能

主流网红服务社会功能的发挥，主要体现在引导网络舆论、助推经济发展、关注社会民生、推动媒体融合以及促进文化繁荣等方面。

第一节　议程设置、舆论引导与政民互动

主流网红区别于其他商业化网红，在唱响主旋律、壮大正能量方面发挥着积极作用。对于媒体机构而言，打造主流网红有利于提升生产内容的传播力、影响力，积极引导社会舆论，传递主流声音；对于政府而言，打造以政务新媒体为主体的主流网红，有利于构建便民服务平台、形成双向信息传播渠道，从而加强政民互动。具体来说，一是通过创新议程设置，以青年群体更易于接受的方式，在圈层化的新媒体环境中引导社会关注焦点，传播社会正能量；二是通过成为意见领袖，利用主流网红的影响力，发出主流声音，引导社会舆论；三是通过打造网红政务新媒体，使之形成信息发布、政民互动、收集民意一体化平台，促进政民之间的沟通交流。

一、创新议程设置方式

在《大众传播的议程设置功能》中，马克斯韦尔·麦库姆斯和唐纳德·肖认为，议程设置是指大众传播可以通过新闻报道和信息传播的密集程度或显著程度，来凸显各种“议题”的显著性和重要性，设置社会公众关注和谈论的社会议题，从认知层面影响公众对现实世界中事件的重要性进行判断[①]。作为大众传播的重要功能之一，议程设置能够决定公众“想什么”，在公共议程中发挥着重要作用。

新媒体出现以前，大众媒体是受众最主要的信息来源，在议程设置方面发挥着不容置疑的作用。而随着新媒介的发展，公众从信息“接受者”转变

---

① Maxwell Mccombs. Donald Shaw，“The Agenda-Setting Function of Mass Media，” *Public Opinion Quarterly* 36，No. 2（1972），176—187.

为信息“受传者”，网络信息数量剧增，公众选择性接触多样化信息的可能性增多，以个人和社群传播的影响力逐渐凸显，改变了传统媒体在议程设置上的绝对话语权。新媒介环境中，主流媒体构建的议题愈来愈难以进入受众视野，公众对议题的关注点难以统一，议题“失焦”常有发生……新媒体平台的强互动性、高开放性、去中心化等特点导致主流媒体的议程设置面临一定困境①。如何充分发挥主流媒体的议程设置能力，构建公众尤其是网民比例过半的青年群体的关注重点，传播主流价值观，成为一项重要且迫切的课题。

主流网红成长于互联网环境中，天然具有新媒体平台属性，也更容易引起年轻观众的注意。媒体机构利用主流网红进行议程设置，打造关注热点，舆论引导效果良好。培养主流网红是党媒在数字时代改革创新的一个重要举措，有助于加快推进媒体深度融合发展、建设新型主流媒体。主流网红不断创新理念，提升自我素质，以互联网思维设置议程、生产内容、强化互动，下足功夫做好正面报道，推出更多让老百姓喜欢看的报道和新媒体产品，扩充传播对象，拓宽传播渠道，让主流声音“飞入寻常百姓家”，在舆论场中更响亮，实现“破圈”传播、“出圈”传播。新华社、中央广播电视总台和南方日报等主流媒体的实践表明，一批网红记者在挺进互联网主阵地方面取得了良好成效，引发全网关注的内容越来越多，成了主流媒体的“流量密码”。

近年来，机关和企事业单位新媒体账号也备受关注。例如，共青团中央全平台账号矩阵表现出一种强大的议程设置能力。在微博平台，其设置“砥砺奋进的五年”“今日中国如你所愿”等正面议题，不断增强对网络议题的引导。而在互动性更强、年轻群体更多的 B 站，共青团中央精准把握用户属性，推出“【祭·英烈】中国的未来，拜托了!”“我的人民解放军怎么可能这么燃”等一系列具有该平台亚文化特征的视频，多个视频登上 B 站热门栏目“每周必看”，传播效果显著。

---

①　徐志武、陈怡：《新型主流媒体议程设置的困境及对策研究》，《中国编辑》2020 年第 11 期。

二、讲求舆论引导艺术

新媒体平台在满足用户信息获取需求的同时，已经成为一个集信息、观点、民意于一身的舆论平台，主流媒体引导舆论面临的挑战越来越大。网络舆论主体的匿名化、参与渠道的广泛化、传播空间的无限化、价值观念的多元化，导致了舆论发展方向的分散性与复杂性。

针对重大突发事件和网络舆情热点，主流媒体须改变传统的舆论引导方式，利用民众喜闻乐见的传播形式与话语形态，强化主流网红影响力，讲求舆论引导艺术，快速、有力地传递主流声音，表达主流立场。如央视《主播说联播》适应了新媒体的传播特性，受到公众的广泛关注，迅速成为网红栏目，在舆论引导方面开辟了一条全新的道路。节目形式上，《主播说联播》突出短、精、快的特点，即节目时长较短、节目制作精良、内容节奏较快，这与抖音、微博等平台的短视频特征相适应，推进该栏目快速传播、形成品牌效应。节目内容上，《主播说联播》一改《新闻联播》的严肃、庄重，其语言偏向轻松幽默，形成节目与大众平等对话的语言环境。其内容紧扣热点时事，以评论性语言为主体，以年轻化语态为形式，将主流价值观融入言说之中。该节目不同主播的差异化播报，形成具有个人化魅力的新闻表达与粉丝效应，其在舆论引导方面发挥出独特的作用。

三、拓宽政民互动渠道

政务新媒体，是指各级行政机关、承担行政职能的事业单位及其内设机构在微博、微信等第三方平台上开设的政务账号或应用，以及自行开发建设的移动客户端等。2018 年 12 月 27 日，《国务院办公厅关于推进政务新媒体健康有序发展的意见》印发，要求各级政府“大力推进政务新媒体工作，明确功能定位，加强统筹规划，完善体制机制，规范运营管理，持续提升政府网上履职能力，努力建设利企便民、亮点纷呈、人民满意的指尖上的网上政府”①。

2018 年，中央政法委员会官方网站“中国长安网”入驻抖音，成为首家

① 《国务院办公厅关于推进政务新媒体健康有序发展的意见（国办发〔2018〕123 号）》，http：//www. gov. cn/zhengce/content/2018 – 12/27/content_5352666. htm，访问日期：2022 年 3 月 21 日。

政务短视频官方账号。随后，共青团中央也开设账号“青微工作室”，短短一个多月就收获近90万粉丝和超过1400万点赞量①。自那时起，各级党政机构开设政务服务号数量呈爆发式增长。目前，我国已经形成了以“三微一端”（微博、微信、微视频和客户端）为基本架构的政务新媒体体系，功能也不断更新迭代。政务新媒体已经成为政府与民众沟通的桥梁，在舆论引导、政务信息公开、与人民群众互动等方面发挥积极作用。

近年来，不少政务新媒体创新传播方式，不再单纯采用图文的形式，而是采用可视化程度较高的漫画、视频动画、影像等方式呈现政务信息、解读重要的公共政策、向民众科普法律知识，力求其生产内容能准确、清晰、生动传递政府意志，实现政务公开。在传达信息方面，政务新媒体大多能贴近大众，用简单明了的图像、准确的语言清晰传达政务信息。如网红政务号“深圳卫健委”在通报本地疫情传播链时，用图像的方式绘制出传播链条，让民众一目了然。同时，文中还加入调侃传播链条复杂、深圳人即使被隔离也不忘工作的表情包，为严肃的通报加入幽默元素，缓解民众的紧张情绪。

在普及法律、健康等知识方面，一些政务新媒体致力于创新策划，使用幽默诙谐的语言，结合剧情短视频、快节奏问答等方式，抓住公众的好奇心理，向民众普及知识。以湖北省孝感市公安局抖音政务账号“孝警阿特”为例，该账号视频内容涵盖奇闻案例分析、孝感警事日常、以反诈为主题的“拯救小蓓”系列小剧场，为民众科普法律条文、反诈知识。阿特警官的个人形象以及萌化的卡通形象深入人心，截至2022年11月，仅在抖音平台上粉丝量超过2000万，发布作品500多份，收获了大批的关注与点赞，获赞超过1.8亿次。

除了传递政务信息、普及知识外，不少政务新媒体发挥网络问政、倾听民意、答疑解惑等功能，将公民的想法、见解、疑惑等及时向政府传递，协助政府倾听民声、吸纳民意，形成政民共同协商，促进政民互动。2021年，微博政务媒体“@成都市场监管”利用微博平台，创建“#你点我查#”话题，对网民呼声较高的外卖店铺卫生状况进行深入检查，同时将现场检查视频剪辑成短视频发布于各大平台。2021年第三季度，该账号共制作和发布相关检查视频16

---

① 贾哲敏、何婧琪：《政务短视频发展现状及在政府传播中的作用》，《北京航空航天大学学报（社会科学版）》2019年第6期。

期，阅读量1280.4万，讨论量1.1万[①]。该举措回应了民众所关注的食品安全问题，保障了消费者权益，体现了当地政府对民生、民意的重视。

第二节 以流量效应助力网络经济发展

流量变现已成为网络经济的一种运营方式，主流网红集聚的流量，在拉动直播带货、扶贫助农以及网络经济发展方面具有积极作用。

一、主流网红为网络经济增活力

主流网红的活动，能够或直接或间接地与网红经济、数字经济、电商经济、场景经济等发生关联，以流量效应助力网络经济发展。

2021年12月26日，海尔智家公司与央视新闻联合举办的“智慧中国家·海尔新年盛典”，在央视新闻App、海尔智家App、京东App、天猫App同步直播。作为央视主播的主流网红撒贝宁、杨帆、李思思等在现场表演，带来时尚家、纯净家、智慧家等5种场景的沉浸式体验，嘉宾们对一站式定制的“新能力”进行了沉浸式感受，为不同需求的用户提供更潮流、更智慧的生活新选择[②]。

在网络经济中，直播带货勾连了人、货、场，也生发出一种新型的场景经济。“直播+电商”的线上新型消费模式省去了以往电子商务要经过经销商的环节，借由直播时的陪伴、低门槛、娱乐性等特征，以及直播货品价格亲民的优势，吸引大量黏性用户，逐渐成为网民购物的主要渠道[③]。主流网

---

① 《2021年第三季度政务微博优秀案例》，https：//baijiahao.baidu.com/s?id=1717935541823392234&wfr=spider&for=pc，访问日期：2022年3月22日。

② 《海尔智家新年盛典：看撒贝宁、王冰冰的新选择》，http：//www.jjckb.cn/2021-12/24/c_1310391144.htm，访问日期：2022年3月22日。

③ 唐春兰、华灿星：《主流媒体直播带货模式的现状与突破——以央视新闻为例》，《北方传媒研究》2021年第2期。

红进行的直播带货，尤其是呈现在电视媒体和网络媒体中的公益直播，帮扶困难群众，助力乡村振兴，可以达到社会效益和经济效益的双重利好。

“菠萝妹妹”，即广东省徐闻县广播电视台原主播王小颖，依靠南方农村报、羊城晚报等广东省内媒体持续引流、策划宣传，最终成名出圈。她呈现了新农人以互联网为“新农具”，为乡村振兴提供了推动力，并有效促进广东农业文化推广与农业品牌建设[①]，被誉为“广东扶贫公益主播”“广东农产品短视频营销突出贡献个人”“广东农产品抗疫推广突出贡献主播”“原产地助农推荐官”。2020年初，王小颖开始直播带货，她不仅宣传菠萝，还代言了荔枝、龙眼、香蕉、柑橘等广东各地特色农产品，因形象好、素质高、勤奋等特点而走红。从农业圈中走出的“菠萝妹妹”王小颖，尽管与乡村网红有着相似的内容传播特点与逻辑背景，却又和以追求经济利益为主要目标的网红有着本质区别。“菠萝妹妹”这个IP凝聚起菠萝、荔枝乃至更多农产品的传播通道。

直播与电商相结合深化了网红经济，作为主播的主流网红通过在人、货、场三合一的直播间时空对产品进行讲解示范、亲身体验并与观看者实时互动，积极回应网友提问，直接改变了传统广告“你说我听”的单向叙事模式。网络直播带来的网红效应催生了以网络人际关系为主要逻辑的新型经济模式[②]。对于主流网红所在的媒体自身，也能够借助于公益直播打造更加正向的媒体社会形象，无形中强化媒体品牌。

网红的商业变现大体可以分为三类：一是短视频广告植入，二是网红直播带货，三是直播间粉丝打赏[③]。依靠主流媒体的主流网红往往带来前两种经济收益。有论者建议主流媒体进一步加强网红孵化与专业运营，网红们的工作室在节目制作、项目运营和对外商业合作上也应有更多的自主权和利益分配权[④]。

---

① 高永彬：《打造产业网红IP，彰显乡村振兴主流价值》，《南方传媒研究》2021年第3期。

② 陈欣钢、翁旭东：《社交视频：影像功能转型与生活方式变迁》，《当代传播》2020年第2期。

③ 宋焕钰：《中央媒体打造网红的主要策略和意义》，《新闻研究导刊》2021年第14期。

④ 宋焕钰：《中央媒体打造网红的主要策略和意义》，《新闻研究导刊》2021年第14期。

二、流量与商业光环下的理性思考

网红经济是一种将网民注意力直接或间接转化为经济效益的经济形态，其本质是注意力经济，表现为流量变现或内容变现，归根结底在追求网红的增值与商业利益。因而在主流网红发展、团队运作以及变现过程中，避免过度娱乐化是尤为重要的。如网红官员贺娇龙时刻要求自己加强内视和反思，保持清醒，不被耀眼的光环迷失双眼，通过直播带货帮助手工品、农产品更好销售，也打出伊犁的美好风光、旅游品牌，最终落到当地老百姓的美好生活、当地的持续发展上，为民而做，保持初心①。

主流网红必定承载更多的社会责任，即便是公益性质的直播带货也不能偏离主流价值导向。如“谢谢你为湖北拼单”的公益直播系列活动，主流网红欧阳夏丹、“央视 Boys”等在介绍宣传产品以达到更好的销售目的时，也会提醒观众适当购买、理性消费，不得进入狂热的超前消费和过度的消费主义狂潮。

另外，直播带货中屡见不鲜的产品质量问题、线上客服沟通问题、售后服务问题等，都要注意避免出现。主流网红在为产品代言时更要依靠团队加强把关，品牌协商必不可少，尽力使产品品牌与主流网红个人品牌相互成就、相互促进。

第三节　以人为本服务民生

“民生无小事，枝叶总关情”，主流网红通过扮演民生服务志愿者的角色，秉持“群众的事无小事”的理念，以人为本服务民生，做好民众和政府间的沟通桥梁，能够提升百姓幸福感、获得感，促进社会可持续性发展。

---

① 紫牛新闻记者：《【紫牛头条】雪地策马为家乡代言的女副县长：很开心，我们的旅游火了》，https：//www.163.com/dy/article/FSNEK7ST05345AQZ.html，访问日期：2022年3月24日。

一、维护人民群众切身利益

主流网红应做到时刻从人民群众的切身利益出发，为百姓说话，聚焦民生服务痛点，帮助百姓解决生活中遇到的权益纠纷。

开播于2009年的《小莉帮忙》，是河南广播电视台民生频道的新闻栏目。该节目通过打造记者小莉人格化IP服务属性，“强化为群众解决难事的传播理念和借助各类社交平台的传播效应”①。该节目具有地缘特色，关注身边人、普通事，发挥环境监视功能，杂糅人文叙述策略和平民视角，报道中温度与力度并存，为维权难的百姓提供精细化服务，体现主流媒体的人文关怀。

小莉因敢于直面丑恶现象、敢于抨击歪风邪气而成为主流网红。如2021年小莉数次报道“河南安阳狗咬人事件”，从而使该事件冲上了热搜榜，最终引起有关部门重视并得到解决。小莉勇于聚焦现实难题，维护百姓福祉，弘扬新时代主流网红“铁肩担道义”的责任担当，助力打通服务群众的最后一公里，提升百姓安全感和归属感。

二、公益与民生同行

通过民生公益服务，主流网红积极调动社会参与的积极性，推动公共服务均等化和资源共享，促进实现人人均等的普惠社会，把公益便民利民服务广泛延伸。

著名调查记者王克勤转身公益执行者，用大爱为困难群众提供帮助。他所主理的“大爱清尘”公益项目致力于推动预防和最终消灭尘肺病，以实现“天下无尘，自由呼吸”的愿景。王克勤不仅身体力行，还与陈坤、袁立等明星一起，发挥网红效应带动众多网友，共同“扶助尘肺家庭，消除粉尘危害”。记者出身的王克勤灵活运营传播媒介，曾带领“大爱清尘”团队创办两报一刊一网②，并入驻抖音、快手、今日头条等自媒体平台，建立新媒体矩阵，公益信息实时共享，实现立体传播。王克勤本人也借助微博等社交媒

---

① 徐凌：《网络时代电视帮忙类节目如何提升“四力”——以〈小莉帮忙〉报道“狗咬人”事件为主要案例》，《新闻文化建设》2022年第4期。

② 屈一平：《王克勤与“大爱清尘”》，《文摘报》2013年8月17日第6版。

体增强传播力，动员社会力量普及尘肺病知识，提高社会知晓度。尘肺病问题也得到了政府关注，如2016年国家卫生计生委等发布《关于加强农民工尘肺病防治工作的意见》，2019年国家卫健委等十部委联合制定《尘肺病防治攻坚行动方案》。

同是践行公益，内蒙古广播电视台资深记者海燕利用自己虚拟社区意见领袖的关系网和影响力，在快手平台发布寻人系列短视频，扩散求助者信息、线索收集以及团聚报喜等内容，她也因此成为快手第一位百万粉丝记者主播。海燕坚持公益寻亲，展现主流网红的社会担当，发挥短视频平台的公益价值与服务效益。仅10个月的时间，海燕的寻亲视频观看量超过2.4亿，网民一起见证了26个家庭的团圆。海燕深深热爱着自己的工作，她一天最长直播13个小时，最多发布9条短视频。在寻人行动的前期阶段，她把自己的电话公布到账号主页上。面对12小时不间断响起的电话，她并没有感觉到疲倦，而是认真聆听、细心筛选，帮助别人解决问题给她带来了自豪感和满足感，这也是她不断向前发展的动力①。

三、抚慰百姓焦虑情绪

掌握社会民意、服务民生难点、疏通百姓堵点是民生服务的内核，主流网红借助新兴媒介技术搭建沟通渠道，有助于解决多样化民生诉求，疏通社会情绪。

黑龙江广播电视台叶文主持的《叶文有话要说》，以关注女性情感、婚姻生活为宗旨，在东北地区颇具影响力。节目期间，叶文保持对当事人和听众的耐心、善意，以及对弱者、孩子真心的同情和怜悯。随着社交媒体兴起，为了贴近群众、贴近生活，叶文把节目搬到了快手，拓宽交流路径，搭建草根百姓情感调理平台。不论是快手直播还是电台直播，其核心都是引导该群体情感诉求的合理表达，化解社会矛盾，传递主流价值，为百姓答疑解惑。

无独有偶，2021年5月，黑龙江广播电视台主持人孙晓乐凭借一条“让前男友跑起来”的视频登上微博热搜，话题在微博阅读量达1亿。孙晓乐聚

---

① 李盛楠：《记者海燕：“快手第一个百万粉丝记者主播”是怎样炼成的?》，https://www.sohu.com/a/495472458_613537，访问日期：2022年3月24日。

焦情感类热点话题，邀请嘉宾直播连麦，发起线上讨论，正视百姓需求，多主体、多方位、多层次解析情感难题，缝合情感创伤，传递人文关怀。

在抗击新冠肺炎疫情期间，不少主持人通过个人账号积极抗疫，创作短视频、参与直播等，安抚百姓焦虑情绪，凸显疫情防控“暖色调”。例如，央视少儿频道主持人“月亮姐姐”王湨通过“抗疫数字歌”教小朋友自我防护；湖南卫视主持人李锐带领受众“云”游世界，使网友们足不出户游览美景；黑龙江广播电视台主持人小翟分享“战疫小翟放大招”系列短视频，提醒观众严谨防护等。主流网红在特殊时期以喜闻乐见的手段抚慰百姓焦虑点，缓解疫情不确定性带来的恐慌和紧张，发挥着社会安全阀的功能。

第四节　主流网红外宣功能拓展

主流网红通过持续输出专业化的内容生产，拓展外宣功能，成为担当“展形象”任务的新生力量，向世界传播可信、可爱、可敬的中国形象。

一、央媒构建国际传播网红工作室

习近平总书记强调：“讲好中国故事，传播好中国声音，展示真实、立体、全面的中国，是加强我国国际传播能力建设的重要任务。要深刻认识新形势下加强和改进国际传播工作的重要性和必要性，下大气力加强国际传播能力建设，形成同我国综合国力和国际地位相匹配的国际话语权，为我国改革发展稳定营造有利外部舆论环境，为推动构建人类命运共同体作出积极贡献。”[①] 在新媒体语境下加强国际传播能力建设，主流网红要利用多元主体生产、叙事话语创新与情感价值链，为海外观众了解丰富多彩、生动立体的中国，开启一扇重要的窗口。

① 《习近平在中共中央政治局第三十次集体学习时强调　加强和改进国际传播工作　展示真实立体全面的中国》，《人民日报》2021 年 6 月 2 日第 1 版。

在新的媒体格局下，中央媒体转变观念，打造自己的网红矩阵。中央广播电视总台在打造对外网红矩阵方面，采用“一语一策”“一国一策”战略打造多语种网红矩阵。其多语种网红矩阵已初具规模，有利于加强我国国际传播能力建设。中央媒体的多语种网红们运用境外社交媒体，利用语言优势和对当地文化的了解，通过粉丝积累与“好感传播”，促进民心相通、文明互鉴。其中，阿拉伯语“一千零一日工作室”、英语“刘欣工作室”“李菁菁工作室”、希伯来语“小溪工作室”、日语“A 酱工作室”等网红工作室表现突出①。

“刘欣工作室”以英语为主要语种。主流网红刘欣于 2019 年 5 月 30 日以中国国际电视台（CGTN）主持人的身份，与美国福克斯商业频道主持人翠西·里根在节目中就中美贸易问题进行了电视辩论，凭借一场中美舆论交锋一战成名。中国主持人出现在美国主流媒体，直面美国民众阐释中国观点，主流网红刘欣敢于亮剑，敢于争夺国际话语权的形象广受好评。

中央广播电视总台深刻把握国际传播领域移动化、社交化、可视化趋势，完善总台全球报道网络，创新开展“媒体外交”，持续深化“好感传播”②。中央广播电视总台打造国际传播多语种网红工作室，形成的对外打造网红矩阵作为加强总台国际传播能力建设的重要战略。如中央广播电视总台希伯来语“小溪工作室”在 2020 年 1 月 26 日—3 月 29 日期间，共发布 53 期抗疫报道原创视频，Youtube 覆盖量 2353. 1 万，Facebook（今 Meta）覆盖量 1132 万，其作品让以色列民众对中国抗击疫情的实际情况有客观的了解。这些国际传播主流网红所在工作室，围绕时政、文化等不同主题推出多种形式的新媒体产品，通过多语种网红矩阵讲好中国故事，传播好中国声音。

二、积极争取国际话语权

2021 年 6 月，中央广播电视总台党组召开专题会议，中宣部副部长、中央广播电视总台台长慎海雄提到，要以多语种网红为突破口，深入推进“好感传播”，强调要遵循国际传播规律，创新话语表达，多谈具体、少谈抽象，

① 宋焕钰：《中央媒体打造网红的主要策略和意义》，《新闻研究导刊》2021 年第 14 期。

② 慎海雄：《坚持守正创新 深化媒体融合 奋力打造国际一流新型主流媒体》，《中国网信》2022 年第 3 期。

多用真感情、少用空概念，跨越文化壁垒和隔膜，增强传播的亲和力和实效性[①]。对外传播的主流网红要探索融通中外的新表述，以“内容为王”和“融合创新”重塑外宣格局。

主流网红利用语言优势和对世界文化的了解，加强好感传播，更有利于塑造良好的国家形象。2021 年 7 月 14 日，以新华社国际部记者王迪迩名字命名的“迪迩秀”工作室，诞生于激烈的中美舆论斗争中，并在国际部涉美报道团队全力协助下，连续推出八期《迪迩秀》视频节目。《迪迩秀》采用西方流行的英文脱口秀以及音乐剧等形式，用地道的美国日常口语、西方广为流传的趣梗和双关话语调侃美国政客的荒谬言论，在西式幽默中阐明中国立场。这充分展示了主流网红能够更好地触达国际受众、有效引导国际舆论，争取国际话语权。

主流网红制作节目更具备人格化、高互动的传播特点，《迪迩秀：20 年！美国成功把阿富汗政权从塔利班换成了塔利班》海外媒体浏览量超过 600 万，诸多海外知名大 V 带评论转载。新华社积极打造主流网红记者，应对新闻传播分众化、差异化、对象化的新特点，将专业性阐释融入个性化表达，以“正能量”带动“大流量”[②]。

三、面向世界构建中国叙事

我国外交部发言人在应对国外媒体记者问答时越来越有底气，华春莹、赵立坚、汪文斌的“有力发言”“金句”更是频频登上热搜。中国外交团凭借着独有魅力，成为中国的“网红天团”，他们幽默霸气，具有正能量与中国底气，在有礼节中机智回怼，在有理有据中寸步不让。

2021 年，华春莹和赵立坚个人推特粉丝突破 100 万，也是中国外交圈粉的成果。外交发言是一种典型的政治话语，在中国外交形象构建、国际理念传播与舆论引导中发挥至关重要的作用，有利于在世界议程中构建中国叙事。

主流网红外交部发言人展示了中国新时期外交形象构建的三个特征，即

---

① 中广互联：《慎海雄：要以多语种网红工作室为突破口，深入推进“好感传播”》，https：//www. tvoao. com/a/207517. aspx，访问日期：2022 年 3 月 26 日。

② 新华社：《习近平总书记贺信在新华社干部职工中引起热烈反响》，https：//mp. weixin. qq. com/s/laQbJq3Rku－uEaryJ5M0kQ，访问日期：2022 年 3 月 26 日。

团结协作的世界观、自信与担当的大国形象、勇于面对挑战的革命精神和大国态度①。他们在发言中传递大国抵制霸权的自信与担当，积极推动中国同各国一道，携手共创友好高效的世界经济、政治、文化秩序，呼吁国际社会合作共建人类命运共同体。

第五节 主流网红承担的文化功能

新媒体文化以人们喜闻乐见、具有广泛参与性的方式进行传播，也能潜移默化间引领人们的价值观。主流网红的文化功能，主要体现在以精神文化濡染心灵、知识生产与传播等方面。

一、以精神文化濡染心灵

中华文化源远流长、博大精深，是我们提高国家文化软实力的深厚源泉。继承和弘扬中华文化不仅需要与当代文化相适应，与当代社会相协调；也需要创新性转化，比如要按照时代的特点对有价值的内涵和表现形式进行改造，激活其在现代社会的生命力。需要创新性发展，即符合实际的情况下，对优秀文化的内涵进行补充、拓展、完善，增强其影响力和感染力②。主流网红发掘中华优秀传统文化的丰富内涵，用创新创意的方式展示其魅力，能够陶冶受众性情、引领价值、濡染精神。

中华优秀传统文化、革命文化和社会主义先进文化凝聚着中华民族共同经历的奋斗历程，蕴含着中华民族共同培育的民族精神，贯穿着中华民族共同坚守的理想信念，联结着中华民族的过去、现在和未来，是中华民族共同

---

① 李怀奎、吴静：《中国对外政治话语的隐喻架构研究——以外交部2020上半年发言为例》，《阜阳师范大学学报（社会科学版）》2020年第6期。

② 陈来：《中华优秀传统文化及传统价值观的传承和发展》，《高校马克思主义理论研究》2016年第4期。

创造的精神家园，也是中华民族屹立于世界民族之林的强大精神力量①。主流网红是与新时代共同前进的群体，要自觉用中华优秀传统文化、革命文化、社会主义先进文化启智润心。

主流网红立足中国特色、传承文化精神，打造网红综艺节目、文化节目，以寓教于乐的方式濡染受众心灵。如央视网红主持人撒贝宁、康辉、尼格买提等参与制作的综艺《你好生活》受到了广泛的好评，作为央视综艺频道和央视网联合出品、同时联动共青团中央推出的一档新青年生活分享节目，它畅聊生活之道，向青年传递能量与价值，拉近了与青年朋友的心理距离。再如撒贝宁主持的《经典咏流传》，作为中央广播电视总台创新打造的高品质文化节目，节目原创“和诗以歌”的模式，用流行音乐演绎经典诗词、经典文学作品，传承和传播中华优秀传统文化，引发全网点赞力推。央视还开发了“云上音享会”等直播产品，以及“竖屏看经典”“经典冷知识”等短视频产品，并多样化挖掘节目素材，推出“撒贝宁诗词开场合集”“精彩未播花絮”等碎片化传播物料②。

二、知识生产与传播功能

知识网红是移动互联网和知识付费时代的新产物，拥有知识传播和价值引导双重功能，对网民的价值观形成有重要影响，也有利于推动学习型社会建设。当今，知识传播不仅具有中立的科学属性，还带有文化偏好和价值属性，所以不仅要发挥知识网红的知识传播功能，还要充分发挥知识网红的价值渗透功能③。但有些知识网红自我把关能力欠缺，因此有必要建设推动垂直专业领域的主流知识网红。其中，细分的垂直领域中有国家科研机构人员、大学教师、“医警法”工作人员等成功圈粉，成为各自专业领域的主流网红。

---

① 汤玲：《中华优秀传统文化、革命文化和社会主义先进文化的关系》，《红旗文稿》2019 年第 19 期。

② 《乘经典文化之风，破平台传播之浪，〈经典咏流传 3〉打造多样态产品布局》，https：//baijiahao. baidu. com/s? id = 1672232861998192230& wfr = spider&for = pc，访问日期：2022 年 3 月 26 日。

③ 马珊：《“知识网红”崛起改变网红价值取向》，《人民论坛》2020 年 4 月下、5 月上合并出版。

（一）专业的医疗健康知识生产

医疗健康本是医院等卫生保健场所的专业事务，但随着互联网的发展，人们已经习惯于获取线上资讯，把获取健康知识作为一种日常行为。因为医疗关乎健康和生命安全，所以专业性、权威性等都是健康知识传播的必要因素。如钟南山院士在中国公共卫生突发事件和危机传播中，充分发挥敢医、敢言的精神，善于回应热点，善于对话，实现了危机传播信息的供求平衡，最终以科学精神攻克医疗难题，以人文素养抚慰了人们心灵①。在抗击新冠肺炎疫情中，张文宏以其幽默的说话特点“金句频出”而广泛圈粉。他力推分餐制，发出“领导给你夹菜，你吃不吃?”这个灵魂拷问，以张式锐评直言“不分餐在疾病面前就是裸奔”。还有关于如何摆脱焦虑、应该读什么书、怎么吃早餐等，张文宏都提出了个人建议。在特殊时期，张文宏积累了医学界的权威形象，之后也通过官方或者个人渠道普及被相对主义消解的医疗常识，用权威的判断凝聚科学共识，在公共问题的讨论中传递了科学精神②。

个人之外，还有以机构形式运营的健康类账号，他们打破了传统健康知识分享的严肃、晦涩等刻板印象。如“深圳卫健委”微信公众号有独立的主创团队，成员以拥有媒体或医院系统宣传工作背景的“90后”为主。传播内容上，“深圳卫健委”公众号不断尝试短视频、长图漫画、微网页等创作形式，兼顾了科学专业与创新阅读的双重体验；传播语态上，综合运用图文、图表、动图、表情包等多种表达，顺应手机用户阅读习惯和喜好；传播主体上，它充分显示年轻化优势，肩负政务信息和健康发布两种职能。③ 总的来说，“深圳卫健委”给健康类政务新媒体的运营发展提供了借鉴之处。

（二）生动的法律、安全宣传

以往的法律、安全知识多以严肃宣传信息等形式出现，表达方式单一，传播为单向。而在网络平台的法律、安全知识传播，不仅可以充分利用热点创作出受众喜爱的作品，通俗的可视化形式也让用户更能理解和认同，促进

---

① 周伟业：《公共卫生危机传播中的“钟南山现象”及其启示》，《传媒观察》2020年第4期。

② 曹林：《要专业的张文宏，也要出圈的张文宏》，《中国青年报》2022年5月8日。

③ 郑泽宇：《健康类政务新媒体传播创新研究——以“深圳卫健委”公众号为例》，《新闻前哨》2021年第8期。

转发和分享等个人传播行为。结合热点传播安全知识，云南楚雄消防支队曾拍摄了一条安全宣传视频：“红伞伞、白杆杆，吃完一起躺板板，躺板板、埋山山，亲朋都来吃饭饭……”魔性的顺口溜台词在脑子里无限循环，让“#云南吃毒蘑菇中毒顺口溜#”登上热搜，被不少自媒体创作者模仿及转发。趁着这波热度，各地交警、民警也开始自编自演魔性版宣传片，如防溺水、不改车灯……他们结合时下热点内容，用脍炙人口的“洗脑神曲”将安全知识植入人们心中，在寓教于乐的氛围中相关账号不断出圈。

如今，诸多政法自媒体已摆脱“文件微博”的桎梏，精心策划生动形象、易于阅看的宣传内容，丰富传播场景，激发网民参与和互动的自主性和积极性。如杭州市公安局下城区分局曾“双微”连发两集原创短片《民警吕不》，下城分局民警扮演“吕不”，以诙谐幽默的方式揭露电信诈骗套路，网民纷纷点赞“公安的安全防范宣传越来越接地气”①。

（三）趣味的历史、让文物说话

“让文物说话、把历史智慧告诉人们，激发我们的民族自豪感和自信心。”② 重视历史，活化文物资源，深具文化教育意义。

自1925年故宫博物院对社会公众开放以来，一代又一代的“故宫人”在保护、研究和传承的同时，一直致力于让故宫“活起来”，分享文化资源，为社会公众服务③。近些年，“故宫年轻了”的印象深入人心。无论是火爆一时的综艺节目《国家宝藏》，还是深受年轻观众喜欢的纪录片《我在故宫修文物》，抑或是“故宫淘宝”上那些妙趣横生的文创产品、故宫微博上那些“萌萌哒”的“段子”，以及“带你看故宫”系列短视频……进入网络时代，故宫仿佛开始了“逆生长”，不断以新的方式，走进公众尤其是年轻人的生活④。故宫被打造成了网红，让每件文物都光彩照人，使“国家宝藏”真正惠及群众。

---

① 人民网舆情监测室：《政法“双微”如何“花式”普法?》，http://www.yidianzixun.com/article/0L2Mvt7Z，访问日期：2022年3月29日。

② 施雨岑、冯源、蒋芳、张玉洁：《“让文物说话、把历史智慧告诉人们”——习近平情系历史文化遗产的故事》，《人民日报》2021年7月8日第1版。

③ 吴彧弓：《“网红”故宫的新手段——从故宫直播谈起》，《美术观察》2020年第7期。

④ 陈季冰：《故宫缘何变得如此年轻?》，《人民日报》2019年1月10日第5版。

第七章 主流网红发展与团队运营

主流网红的发展离不开团队的运营协作。为推动主流网红持续生产优质内容，保持长久的生命力，仅依靠主流网红“单打独斗”是不现实的，团队支撑是主流网红蓬勃生命力的来源。从前期摄像到后期制作，从编导与导播人员到策划与运营人员，这些必不可少的团队角色，才是主流网红持续发展的基础力量。

第一节　主流网红的团队组成

个人技能与素养、团队协作能力是主流网红的成功秘诀。在团队中，主流网红属于团队“前台”与“后台”之间的衔接角色，他们既需要在前台进行传播实践，又需要在后台参与传播策划。一方面，由于主流网红直接面向受众，他们的一言一行都暴露在受众的“观看”中，因此提高他们个人的技能与素养就十分重要，这不仅涉及主流网红本身的综合素质，往往还需要团队对其进行有计划的培养与训练。另一方面，主流网红怎样进行传播实践，生产什么样的传播内容，团队可以在议程设置、受众需求、市场导向等方面发挥“风向标”的作用，因此主流网红需要积极融入团队策划，与团队成员形成互利共赢的良性团队关系，促进共同发展。

一、前期摄像与后期制作

视频化是当前传播格局的一大特征，生产视频并在相应平台传播是主流网红聚集流量的主要方式，因此，打造“出圈”的优质视频十分重要。画面质量、视频主题、内容创意都是视频能否“出圈”的衡量标准，也是视频能否赢得受众喜爱的关键，这项工作需要团队的支撑，尤其倚赖专业的前期摄像人员和后期制作人员的付出。

摄像是将多种艺术手段集于绘画、摄影、录音的艺术形式，摄像人员可以运用对镜头的推、拉、摇、移等操作，使视频作品具有“运动绘画”的艺术效果，产生美的感染力。除了娴熟的摄像技术和良好的美学意识，鉴于视频的拍摄制作是一项综合的、系统的工作，因此摄像人员还需要有相互协调的沟通能力，在团队中发挥应有的作用，能与编导人员、出镜人员以及后期制作人员进行充分的协商，提高视频制作的效率，以推动视频制作的顺利进行。

在前期摄像中，摄像人员首先要与所有参与视频制作的人员在视频主题、拍摄流程、拍摄画面、拍摄时长等要点上协商清楚，确保常规拍摄的正常进行。与常规拍摄不同，在直播摄像中，摄像人员还需要具备强烈的现场意识，能够及时调整摄像机，并且具备良好的观察力与应变力，还要与出镜人员培养一定的默契，以应对突发状况。另外，编辑意识也是一大重点，摄像人员需要事先与后期制作人员沟通，在拍摄过程中留意镜头语言的真实、连续和可编辑程度，充分运用蒙太奇规律，提供充足有效的前期素材，为后期剪辑和编辑留下充足的创作空间①。

优秀的后期制作能为视频的呈现“锦上添花”，这就要求后期制作人员不但要熟练掌握技术和设备，还应具有一定的艺术修养，包括文学、美学、音乐知识等，即能将娴熟的技术与艺术修养完美结合起来。后期制作人员不仅要输出新颖的画面设计、合理的构图，更重要的是剪辑逻辑的创新，在这个视频化传播的时代，别具一格的视频才能在视频洪流中脱颖而出。在此过程中，后期制作人员可以在团队中充分听取各方角色的建议，聚合团队的创意，完成后期制作的方案。

二、编导与导播人员

在传统的电视节目制作中，编导人员是电视节目创作过程中的领头人或者决策者，需要沟通串联，总体把握电视节目格调，与众多合作人员沟通和交流，而导播人员则是协调各机位，塑造节目整体视觉效果的重要角色。主流网红的发展不局限于短视频这类传播形式，综艺节目与直播活动也是重要的传播场域，因此编导与导播人员就起到了重要作用。

作为贯穿视频创作与节目创作的关键角色，编导人员必须具备良好的策划意识和创新能力，以及优秀的团队沟通能力与组织协调能力。与主流网红

---

① 陈留留：《简论电视新闻摄像师的素质培育》，《新闻爱好者》2009 年第 22 期。

的传播活动相关的编导人员，主要指的是视频编导和节目编导。视频编导和节目编导都需要在视频与节目制作过程中，策划选题，编写脚本，并且指挥整个前期拍摄和后期制作的过程，必要时在细节处进行调整。编导人员在这些过程中需要充分发挥自己的专业能力和团队协作能力，这对于视频与节目制作的圆满完成至关重要。

导播这一角色经常出现在大型节目制作中，发挥着协调各个摄像机位、安排现场导演进行现场调度、把控节目节奏的作用。针对不同类型的节目，无论是录播还是直播，导播人员首先都需要具备扎实的专业知识与技术技巧，其次是独创性和想象力，这样能够让节目传达出一定的艺术感，再次也是最重要的是信息交流能力和组织整合能力。导播的工作几乎牵扯到参与节目制作的所有人员，他们需要协调各个工种，调度、指挥节目，同时还要掌控时间。在直播导播中，导播人员还需要迅捷的判断能力，确保多信号源全方面扫描、多感官功能高效运转，并且具有机敏的应变能力，包括应急心理准备能力、协调反应能力、直播控场能力，以及应急预案执行能力。

三、策划与运营人员

主流网红除了凭借视频、电视、直播或网络综艺节目的形式进行传播活动，社交平台也是主流网红维系热度的重要场域。为增强受众黏性，除大型活动之外，主流网红还需要与受众保持日常互动。专业的策划与运营人员则可以起到良好的助推作用，在内容的策划与运营、媒体平台的策划与运营，以及用户运营三个方面给予帮助。

主流网红背后的策划与运营人员，需要特别清楚该主流网红的角色定位，以及其背后所坚持倡导的价值导向，策划与运营人员需要为该主流网红量身打造“宣传方案”。这就意味着，策划与运营人员与主流网红之间必须时时沟通，促成默契，达成一致。

首先，在内容的策划与运营上，策划与运营人员要提前规划好主流网红在各个平台上的活动，涉及日常内容、专题内容，以及直播活动、音视频类节目等大型活动的策划，创新生产精品内容，与受众积极互动。其次，在媒体平台的策划与运营上，策划与运营人员可以协助主流网红管理“三微一端”、抖音、快手、小红书等平台，策划、编辑排版、发布信息。再次，在用户运营上，策划与运营人员需要运用数据分析能力、市场评估能力，定期获取、识别各平台用户需求，分析用户心理，找准定位帮助主流网红进行更具针对性的内容传播，增加用户黏性、用户贡献和用户忠诚度。

第二节　主流网红团队运营策略

无论是前期策划还是后期发展，主流网红都离不开团队的运营。学习团队的营销策略，对主流网红打造具有重要意义。

一、团队成员结构“灵活化”

主流网红的团队成员结构较为灵活，成员们不再单打独斗，而是实现跨部门、跨平台融合，打造摄影摄像、直播、新媒体制作人等多种能力人才齐聚一堂的虚拟工作团队①。这样的团队成员结构有助于打通团队内部的“孤岛”，根据需要汇集多方优势形成合力，以便发挥出团队作战的最大效力。

南方日报赵杨工作室采用的正是这种“项目公司化”的灵活运作模式。名记赵杨是团队负责人，他多年参与全媒体转型项目，熟知各部门的优秀人才，有着丰富的经验。他以项目为导向，以“点将”制在组织内部挑选人才，根据项目的人才需求构建包括摄影、编导、剪辑、包装、运营等在内的团队，其团队组成具有多样性、灵活性的特征。赵杨带领他的团队打造出爆款节目《武松来了》，该节目全网点击量超过 2 亿，拉动南方⁺客户端下载量达 100 万 +②。

---

① 丁建庭：《打造“主流网红”，唱响“南方声音”——以“南方名记·丁建庭工作室”为例》，《青年记者》2017 年第 10 期。

② 赵杨：《跨界、转型与生产链的再造——赵杨工作室一年工作的思考》，《南方传媒研究》2018 年第 2 期。

二、团队组织管理“扁平化”

灵活组建团队后，还须对团队实行“扁平化”管理，实现团队内部成员沟通效率的最大化。以往的传媒集团大多实行层级化的组织管理模式，高层的指令须通过一级一级的管理层传达到执行者，基层的信息也通过一层一层的筛选到达高层决策者，这样的沟通模式往往耗时较长且效率较低，各部门人员也较难突破体制的局限，其创造力被组织管理模式所限制。而当管理层次减少而管理幅度增加时，层级结构的组织形式就被“压缩”成为扁平状的组织形式，成员便具有充分的自主权和明确的任务导向①，真正实现团队从“加”向“融”的转型。

南方报业传媒集团佛山记者站（2021 年 11 月升格为南方报业传媒集团佛山分社）团队的转型，便是典型的案例。佛山记者站的转型主体并非局限于记者群体，而是站内上至站长、下至一线采编人员的集体转型，真正实行全站范围、全团队的身份转变。在其中，主流网红才是团队的领导者、决策者、运营者，他们拥有更多的自主支配权力。佛山记者站的主流网红往往与两至三名记者组成拍摄团队，主流网红直接扁平化管理自己带领的团队成员，更有助于思维的碰撞和任务的对接，从而不断创作出有流量又有影响力的视频，形成多样化可持续的产品生产力。同时，佛山记者站也消灭“纯粹的领导”，领导走下“金字塔尖”，融入网络结构之中，在矩阵中分饰不同角色，切实发挥领导与管理职能②。

三、团队人才培养“复合化”

以往，新闻媒体各部门工作相对独立，记者基本是个人作战，每个人负责自己的新闻线，记者把稿件发给编辑部便完成了任务。但现在媒体的组织方式和运行机制发生了变化，主流网红团队更倾向于“小作坊式”的团队，采、写、摄、录、编一体的团队成员才更具备竞争力，而这对团队成员的复

---

① 王皓：《组建新媒体运营团队的实践与思考》，《石油化工管理干部学院学报》2017 年第 19 期。

② 李姝函：《融合语境下传统媒体从业者的体制内转型研究》，硕士学位论文，暨南大学新闻与传播学院，2018。

合型能力提出了更高的要求。主流网红及其团队成员都须学习“十八般武艺”，提高自己的全媒体立体传播能力和综合运营能力，才能更好适应多种媒介形式的综合平台。

央视主流网红团队便贯彻了这种培养复合化人才的团队营销策略。如尼格买提、康辉、撒贝宁、朱广权等央视著名主持人不再局限于传统电视节目的制作，他们实现自我转型，不断提升自己的全媒体技能。在《你好生活》这档网络综艺节目中，尼格买提既是节目的主持人，也是节目的总导演及制片人，他不断提升自己的策划能力，全程参与到节目的策划中。《你好生活》节目以尼格买提的视角展现新疆数十年发展变化，将个人成长经历与生活过往串联成主线，成功让充满温度的生活故事走进观众的心中，也让尼格买提涨粉无数。央视打造的主流网红还进军抖音、快手等短视频平台，获得千万量级的粉丝人气，以最接近年轻人的方式重塑着自身品牌。

四、团队绩效考核“科学化”

优秀的主流网红团队须建立科学化的绩效考核体系，根据成员不同的能力、努力程度给予不同的奖励，并向关键岗位和优秀人才倾斜奖励，以收入差距体现劳动“公平”。公开透明且合理的绩效考核有助于避免不必要的猜忌，能更好留住团队里优秀的人才，增强团队的向心力和成员的主动性。

南方报业传媒集团培育的主流网红，大多是具有明显传播营销优势、专业特色鲜明、具备较好培育潜力的年轻人，没有一个是处级以上干部[①]。这打破了传统论资排辈的做法，不限年龄、性别、职称、职务，只看能力和成绩，真正做到“任人唯贤”。南方报业传媒集团佛山记者站、广州日报数据和数字化研究院（简称“GDI 智库”）等也以团队协作的方式进行项目执行，团队成员的绩效与团队的整体绩效密切相关。有些传媒集团还为能力突出的团队及其成员提供较好的发展前景和学习机会，在资源调配、提拔任用等方面全力倾斜支持，有效激励团队实现转型，从而培养出一支有干劲的队伍。

---

① 丁建庭：《打造“主流网红”，唱响“南方声音”——以“南方名记·丁建庭工作室”为例》，《青年记者》2017 年第 10 期。

五、团队盈利模式"市场化"

科学化的绩效考核激励团队提高业绩，不断探索"市场化"的盈利模式，同时处理好经济效益和社会效益两者之间的关系。一些优秀的主流网红团队利用营销手段的完整性和营销主体的整体性，不断开拓重构商业公开课、文创产品、名医讲堂等线上线下产品，同时推动了直播公益带货。

浙江日报报业集团以"市场化"为导向，成立浙报传媒梦工厂，其团队以市场化管理机制运行，按照市场规则签订对未来收益的分配协议，并对项目进行阶段性评估，每个团队在整个创作过程中将不断接受检验，唯一的检验标准是市场，唯一的检验方是用户，在传统媒体内部解化器作用下，大批由传统媒体产出的融媒产品爆红[①]。

新冠肺炎疫情期间，许多市场团队联动县长进行公益助农直播带货，也成功打造出一批"网红县长""网红区长"，他们化身"直播达人"来助农。广西百色市田阳区的大学生就在疫情期间自己组建了一支电商团队，利用团队的专业知识，联动副区长直播带货，促进了当地农产品销售。

六、团队智库建设"专业化"

未来，媒体型智库的建设对打造主流网红具有强大的推动力。有论者将媒体智库优势归纳为三点：品牌优势——媒体机构具备以往积累的知名度，是具有较强公信力的官方话语代表，同时传播行为具有相对独立性；传播优势——媒体机构连接多渠道，拥有丰富的渠道资源，同时媒体人受过专业训练，具备专业表达的能力优势；筹资优势——媒体相较于独立智库拥有多样性的资金来源优势[②]。团队成员向智库专家转型已成为未来趋势，主流网红团队在融媒体时代须推动智库建设，借用技术及多方资源为团队赋能。

在大数据兴盛的背景下，广州日报报业集团成立了广州日报数据和数字化研究院，团队以大数据作为业务发展突破工具，采用大数据、云计算等新

---

① 李姝函：《融合语境下传统媒体从业者的体制内转型研究》，硕士学位论文，暨南大学新闻与传播学院，2018。

② 朱雷、吴晓亮、马正红：《建设媒体智库：地方党报集团转型的可行性及模式研究》，《传媒观察》2017 年第 2 期。

兴网络技术，探索并实践“媒体＋数据”的新型转型发展模式①。团队依靠GDI智库，传播数字资讯，生产知识产品，发挥既有的信息资源、传播方式和传播平台优势，实现信息生产与传播的无缝对接，从而成功打造出许多优秀的主流网红，也成为辐射中国南方、具有重要传播力和影响力的新型媒体智库。

总之，打造主流网红也是在打造专业媒体的“自媒体”品牌，释放了自媒体的“专业化”价值，有机统合了组织品牌和个人品牌的关系，其背后离不开团队的运营。只有在强大团队的支撑下，主流网红方能游走于各个不同的媒体平台，发出有价值且具备持久生命力的主流声音。这种团队运营，充分体现了互联网语态和属性的融合内容生产特点。

第三节　主流网红营销策略

在各行各业皆“内卷化”的时代，主流网红要精准定位，用实力塑造正面形象，提升营销效果，从众多类型网红之中脱颖而出，发挥正向引导作用。

一、积极互动：实现价值共创

（一）体验营销

体验营销相比于传统营销，更为注重用户的感受和体验。体验是一种有别于产品和服务的价值载体。从心理学角度讲，体验是当一个人达到情绪、体力、智力甚至是精神的某一特定水平时，意识中所产生的美好感觉，或者说是个体对某些刺激产生回应的独特感受。体验营销的核心理念，不仅为用户提供满意的产品和服务，还要为他们创造和提供有价值的体验②。主流网

---

① 李姝函：《融合语境下传统媒体从业者的体制内转型研究》，硕士学位论文，暨南大学新闻与传播学院，2018。

② 范秀成、陈英毅：《体验营销：企业赢得顾客的新思维》，《经济管理》2002年第22期。

红也需要秉持体验营销的理念，尽可能为用户营造最为美好的体验感。

（二）关系营销

主流网红进行关系营销的要点是：建立连接，及时反馈，形成一条互动仪式链，实现价值共创。互动仪式链由美国社会学家兰德尔·柯林斯提出，参与者把注意力集中在共同的对象或者活动上，分享共同的情绪或者情感体验。“互动仪式”带来四种主要结果：产生群体团结，也就是一种成员身份的感觉；产生个体的情感能量，也就是一种采取行动时自信、兴高采烈、有力量、满腔热忱和主动进取的感觉，是一种长期稳定的社会情感；产生代表群体的符号，这主要是标志或其他代表物，比如形象化的图标、文字、姿势，这些符号使成员感到自己跟集体有关；产生道德感，也就是维护群体中的正义感①。

社会化媒体在赋予用户自主表达权的同时，也提升了其参与互动的积极性，在相同兴趣爱好的驱使下形成社会性的趣缘群体。用户不再是传统营销理论中被动接受影响的受众，而是与主流网红平等进行沟通，甚至参与到主流网红的生产、策划等环节中。

主流网红在营销过程中应注重互动仪式的构建。互动除了可以通过点赞、评论、转发、打赏等行为产生，还可以是精神层面的互动，这种互动就像是读者与作者所写文字产生的共鸣。主流网红之所以能成为主流，是因为其精神内核能够打动人心。而故事可以帮助主流网红触动用户的内心，使主流网红与用户之间建立连接。就像亚瑟王的圣剑，故事不需要世俗的权威就可以产生神奇的力量，它会创造出另一种属于自身的地位和力量②。因此，主流网红要善于讲故事，尤其要以互联网思维讲好中国故事。

二、善于借势：紧跟时事热点

主流网红可以视为个人 IP。个人 IP 要想得到迅速发展，学会借势很重要。毕竟个人力量是有限的，借势可以快速提升自己的眼界和经验，甚至增加曝光度，迅速确立自己的发展目标。

① 刘国强：《作为互动仪式的网络空间集体行动》，《国际新闻界》2016 年第 11 期。

② 安妮特·西蒙斯：《故事思维》，俞沈彧译，江西人民出版社，2017，第 38 页。

（一）事件/活动营销

挑选最佳的热点，并且将热点转化为属于自己的话题，助力产生裂变式传播，给主流网红个人 IP 带来价值。2020 年在抗击新冠肺炎疫情的战斗中，央视发起了“谢谢你为湖北拼单”大型公益活动，主持人海霞作为主流网红参与了该活动的营销，在《主播说联播》这一栏目中声明“海霞今天要带货”[①]，呼吁网友支持湖北农产品。“困难时期拉湖北一把，湖北也就归队了！”这样的话语饱含深情，唤起网友的心灵共鸣，与之产生共情。

（二）跨界营销

主流网红通过跨界营销，达到出圈效果的案例比比皆是。如央视作为国家级电视台，与 B 站这种二次元的内容平台存在很大差别，但央视选择打破这种界限，收获了意想不到的粉丝群体。早在 2019 年，“段子手”朱广权在央视新闻 B 站官方账号上发布了一段视频，宣布央视新闻正式入驻 B 站。紧接着，由撒贝宁、朱广权、康辉组成的“央广 Boys”也趁热打铁，正式“出道”。此外，主持人撒贝宁跨界加盟芒果 TV 的《明星大侦探》，广受观众喜爱。像这样的跨界营销行为，大大提高了主流网红的影响力。通过主播、内容、平台的三管齐下，实现了出圈效应与主流价值引导的有机结合。

（三）借势的准则

借势营销能够快速提高主流网红的知名度，但也要注意热点借势的四个准则：合法性、正向性、关联性、时效性。合法性是指内容必须合法，须注重内容的原创性，不能造成侵权；正向性是指要保证营销内容的正能量要求；关联性是指不能为了蹭热点而蹭热点，主流网红要坚持自身调性，所蹭热点要与个人特质相符合，能够突出自己的 IP 形象；时效性是指借势热点一定要快，最好在 6 小时内关联上，12 小时内完成全网传播，超过 24 小时就没有必要了。

三、勇担责任：公益助力口碑

主流网红发展的过程，必然要经历公众口碑的积累，而良好口碑的形成

---

① 央视新闻：《主播说联播 | 海霞今天要带货!》，https：//mp. weixin. qq. com/s/n9jBns21j0xUBqNd4Va73g，访问日期：2022 年 4 月 1 日。

也意味着公众对主流网红寄予着承担更多社会责任与服务的期待。

主流网红的价值理念要获得用户的认同，离不开有现实意义的情感服务的提供，以及背后所体现出的社会价值。基于情感链条的认同、参与行为，才能建构起价值共创的互动生态。由央视发起的“谢谢你为湖北拼单”，很好地显现出主流网红的营销效应。

在营销过程中，主流网红应实现公益理念与品牌价值观的有机融合。通过开展公益宣传活动，不仅能帮助品牌积累良好口碑，更能彰显品牌的社会责任与情感关怀，让用户从价值共创的活动中加深对主流网红个人 IP 的认同，从而强化情感归属。

第四节　超级 IP 养成与运营

超级 IP 是以原创内容为基点，以人格化特征为内核，具有衍生性、可开发价值的跨媒介运作符号内容体系与话语连接方式。自 2015 年成为 IP 元年以来，《花千骨》《琅琊榜》等网文被改编拍摄成电视剧，并向外衍生到游戏、动漫、综艺、音乐等多个产业领域。在主流网红的打造过程中，必须借力超级 IP 之势。超级 IP 自带巨大流量与超强感染力，是主流网红成功转型的强大助力。因此，主流网红的团队运营必须朝着超级 IP 打造的方向前进。

一、以原创内容为抓手

在媒介社会化、社会媒介化的趋势之下，超级 IP 的打造离不开新鲜有趣的内容以及持续的输出与传播。主流网红可借助主流媒体的内容资源，从每日发生的新闻事件中获取原创内容，以“创”与“真”为准则，既不能照抄照搬也不能胡编乱造，真实性永远是第一准则。如许多非虚构写作的新闻作品可以成为原创内容的起点，但需要注意选择甄别新闻作品的价值内核，注意内容可能产生的价值引领作用。

超级 IP 对粉丝的一大吸引力就在于信息处理价值，即从超级 IP 中获取易于理解、接受、处理的信息，用户渴望在信息海洋中寻找附着点。首先，内容创造要能够激发观看欲望、拥有传播力度、自带话题引爆点。如南方+爆款脱口秀《武松来了》第三季以案说法受到网友广泛好评，全网火爆。该节目第一期独家对话“广东版徐玉玉案”诈骗团伙主犯，还原广东揭阳女孩蔡某某被骗光9800元而后自杀的故事；第二期揭露“邦家百亿诈骗案”，23万受害人被骗金额达99.5亿元。《武松来了》第三季选择以典型诈骗案例为内容创作原型、以竖屏超清录制为技术手段、以生动的形式进行案件讲解分析，选定内容发布的合适时间。如揭阳女孩蔡某某遭电信诈骗案剖析发布在开学季，而揭露针对老年人的诈骗案发布在中秋节、春节等家人团聚的节日，都是根据节目内容特点选择发布时间。可见，打造超级IP须找准内容基点，寻求差异化、趣味性、个性化的故事，激发用户情感。

其次，内容需要具备衍生特点。改编、魔改、谐音梗等是内容二次创造、引发二次传播高潮的网络手段。如电视剧《开端》火爆，“锅姨”“45路”“高压锅”等符号碎片被重新改编并被赋予新的含义。简单的符号一角就可展示超级IP的部分文化意味，符号体的再创造与再聚合展现内容活力与延展性，不断丰富场景和内容，生产新的IP故事。主流网红团队在内容选择和编辑方面必须有严格的把关，招募“把关人”。“把关人”能够识别可用内容并选择合适的时间点进行内容发布，了解各大信息传播平台的特点，不同内容采用相异的展示手段，以期制造爆款热点，吸引用户，直至用户主动分享与再次创造，引发传播高潮。

最后，内容的制作须进行系列化生产，从一个核心基点打造内容森林。比如国外漫威系列对钢铁侠、蜘蛛侠、超人等的系列生产，好的内容选择需要具备衍生性与可扩展性。

二、以人格化为内核

人格化的超级IP具有强印象获取力与强视觉系统，在首因效应的作用下，占据粉丝认知的核心思维，使得形象识别更加容易。人格化的内核在于角色人设，如角色外表特色、性格特色、兴趣爱好、价值表现等，既能在情感上引发共鸣，又能使人身历其境，仿佛在与另一个“人”对话。把与超级IP互动的场景看作舞台，IP人格就是演员，演员表演的过程就是超级IP的人格化。人格化的打造须寻找准确定位，也就是超级 IP 的个性。

主流网红的打造，首先要从自身分析再到粉丝形象分析，结合二者的共在点，确定主流网红的核心价值，如和平、正义、友善、爱国等。这是人格化的“根”与“魂”，借人格核心价值规定框架和路线，达到凝聚人气的目的。

其次，打造“理想人格标签”。通过贴标签吸引价值共鸣者，用圈内话描述人格特征。如王嘉宁的表现清新自然，朱广权则是“段子手”，还有正直、幽默、温柔、大度的撒贝宁，严肃沉稳、严谨有序的康辉，温暖醇厚、包容大度的尼格买提。他们各有自己的性格特色，具有强识别性。

最后，赋予 IP 人格温度。从 IP 一词到 IP 温度，关键在于互动。通过各类社交平台、用户社群、线上线下联动，点赞、评论、转发、抽奖等形式与专属用户互动，展示超级 IP 的温情。需要注意的是，人格需要固定且一以贯之，不能随意更改与增减，否则容易打破“人设”，破坏双方的情感连接。

主流网红的转型过程就是超级 IP 人格化的过程，必须时刻注意其个人形象与超级 IP 的人格内核相一致，减少断裂点的出现。无论是主流网红的人设崩塌抑或超级 IP 人格的价值崩坏，都会导致转型的失败。

三、打造 IP 认同与仪式

IP 认同，即引导粉丝认知，获取粉丝高度认可。“个性”一词是现代人标榜的独立状态，人人追求标新立异、与众不同，在可能是虚妄的独立中追求自我。超级 IP 能否符合用户的生活态度、行为方式、价值主张，能否彰显个性，是粉丝认同形成的前提。超级 IP 的个性化与用户发生灵魂碰撞时，认同开始产生。

第一，持续的动作、独特的声音、可识别的符号，这是构建超级 IP 识别符号的开端。听感、视感、触感符号都是可建立的识别维度。如《动物世界》节目中赵忠祥浑厚有磁性的声音，一句“春天到了，又到了万物复苏的季节”，展现出其语气的可辨识性。具备自己的特点是形成认同的开端。

第二，融入文化内涵，肤浅的内容只能生产浅显的共识，质感无迹可寻。文化的融入是一种逐渐累积的过程，细心耕耘、长期积累才能形成深刻的文化底蕴。主流网红可以从中华优秀传统文化中汲取养分，如中国传统诗词、手艺传承、京剧戏剧等；可以从红色文化中学习革命先烈的奋斗精神、实事求是精神；可以从网络文化中借鉴幽默诙谐的表达方式，多元文化共铸超级IP的文化底座。

第三，打造仪式感，共听同一种声音。长时间的内容实践、文化生产，自然而然会形成一种仪式。主流网红进行仪式建设时，可从时间、空间、行为、语言四大方面着手：时间上，可以约定时间的共在，无论是线上虚拟存在还是线下共在，建立有仪式的场景；空间上，社交媒体、线下见面为主流网红与粉丝构建交流空间，在点赞、转发、谈天说地中感受仪式的存在；行为上，经典动作如蜡笔小新中动感超人胜利的庆祝动作、钢铁侠发射激光炮的动作引人模仿，在做动作的身体惯习中完成仪式；语言上，简单的词语、开场白、重复语、经典语录、独特的音色都能成为仪式连接的中介。主流网红在进行内容创作与分享时，需要注意该类语言的重复与强调。上述四方面实践有助于建立仪式，并在每次的应用中加强仪式感，形成正反馈。重复的仪式记忆在激发与存储过程中可以不断强化IP认同，增强粉丝黏性，产生心理依赖，减少不确定，凝聚成员意志。此外，仪式的难度、类别、持续时长等都会影响认同的稳固。

物质生活富裕的时代，人们更加注重精神的满足。超级IP符号化、体系化是超级IP认同稳定的新视角，使得超级IP从享有美誉到收获忠诚。这是一场艺术之旅，需要精雕细琢，润物细无声的影响优于生硬的灌输。因此，超级IP认同的打造在于如何“优美的表达”，而不是“故意的刻画”。

四、产业化运作与经营

内容为超级IP提供抓手，人格为超级IP创造内核，认同为超级IP带来粉丝。人—场—货三者同时拥有之后，产业化经营就拥有实现基础。超级IP以内容和人格获取粉丝信任，增加信任势能，获得低成本连接，通过连接延长产业链。内容的核心四要素为故事、原型、个性、调性。主流网红应做到从中国故事与地方故事结合、找准人物原型（可以自身为原型）、展示主流网红个人特质、符合社会主义核心价值观等方面推进内容力的增强。饱含价值特性的内容破圈跨界生成新内容、衍生内容，直至进入粉丝的日常生活，成为生活符号、仪式符号、超级符号，内容从所需变为必需。

社群驱动提供动力，主流文化＋亚文化、“大圈群”＋“小圈群”则是动力之源。社群五要素为价值观、规则、结构、互动、利益。社群的形成就是一群价值观类似、渴望认同的异质个体形成同质群体的过程，社群成员共享价值、共建目标、共同发展。

其一，价值作为核心认同点必须由主流网红进行把握，在粉丝价值观出现偏离甚至逆反时及时进行纠正，保证价值观的正确恰当。

其二，无规矩不成方圆，主流网红须根据自身特色与所建立的人格 IP 制定相应的社群规则，按照内容垂直细分领域的不同做出规制，利用群体压力制约社群内的违规者。

其三，结构是指社群的用户分层，识别用户所属层级，如未来潜在用户、一知半解的用户、深入了解的用户、信任主流网红的用户、建立强连接的用户等。

其四，互动是指主流网红与粉丝、用户之间以及社群内外产生联系的过程，优质的互动有助于引进用户、留存用户、用户转化粉丝或客户。流量变存量，打好变现基础。

其五，利益是社群长久运行、健康运行的维系点。无论是实际利益的分发，还是信息知识的共享，都可以增加社群成员的经济资本、文化资本、社会资本，这样社群才有未来，才有可能将社群成员转化为付费用户。

主流网红价值变现须立足超级 IP 本身，全方位、多层次挖掘高质量 IP，使得 IP 不仅在同领域转化，也能跨界发展。例如，从小说到电视剧、从新闻到游戏、从评论到互动视频。超级 IP 还可产生衍生变现，如周边产品。另外，主流网红借势新媒体矩阵，让超级 IP 产生裂变式传播效应，促使 IP 内容在粉丝群体中形成有效的裂变传播与价值分享，为超级 IP 的价值变现路径提供源源不断的传播势能[①]。在此基础上，超级 IP 打通产业上中下游，上端从内容制作获得内容力，中端借助新媒体矩阵获得传播力，下端进行衍生产品的开发获得变现力。超级 IP 的产业布局得以搭建成功，建立跨界共生、相互融合、迭代开发的生态化超级 IP 模式。

主流网红超级 IP 的打造过程也是传者不断脱嵌的过程，与用户实现更加紧密

① 金佳林：《传媒产业“超级 IP”的衍生解构与价值变现》，《当代传播》2018 年第 1 期。

连接的过程。主流网红超级 IP 的打造最终使得具有魅力的人格体与连接上中下游的产业链成为媒体与社会的新型建联方式，实现信息价值与市场价值融合。

第五节 “南方名记者”网红团队案例分析

南方报业传媒集团（以下简称“南方报业”）是以广东省委机关报《南方日报》为龙头组建的党报集团，拥有 6 种报纸、10 种期刊、1 家出版社、20 个网站、7 个手机客户端、370 个社交媒体公众账号、3000 块互动触控屏、10 000 平方米户外 LED 大屏幕，形成了“报、刊、网、端、微、屏”立体传播体系，覆盖超过 2 亿用户①。作为曾经的传统纸媒，南方报业在互联网时代不断推进全媒体转型，始终强势地发出主流之声，成为传统媒体和新型媒体融合发展的典范。本节主要针对南方报业近年的主流网红团队展开分析，探究其运营策略，有助于理解融合新闻报道转型的要领，为行业提供参考。

一、人员调度与内容生产融合

南方报业 2016 年开始实施的“南方名记培育工程”，改变传统媒体人“单打独斗”的模式，将名记者置于团队的核心，通过团队人才的融合实现内容生产的融合，打造主流网红。名记工作室的成功，有很大一部分归功于团队配合。

（一）弱化部门边界，构建超级团队

融媒体时代意味着在互联网思维下要整合不同资源、共享技术平台、重构用户关系，建立新的媒体生态。媒体融合的最终服务对象是人，推进媒介融合建设的核心力量也是人，南方名记工作室制度的第一层重大突破就是促

---

① 《南方报业传媒集团简介》，https：//www. southcn. com/aboutus_nfbyjt，访问日期：2022 年 4 月 7 日。

进人的融合[①]。名记工作室的团队成员可以是专职也可以是兼职，岗位可包括文字、编导、摄影、剪辑、后期包装、动画制作、运营推广、市场开拓等等，这些团队成员可以根据具体的内容生产需要灵活调度，使得以南方名记者为团队核心的名记工作室摇身一变为超级团队。人员的跨媒体性和可调度性打破了原有制度的部门壁垒，最大化地利用了人才优势，有利于生产形式多样、内容丰富的融媒体产品。

（二）提供全案服务与精准服务

名记工作室积极利用团队创作的整合性与可调度的特征，承担涵盖用户体验全过程的全案服务。以“南方名医帮”为例，针对特定题材，团队会有意识地进行全案深加工，比如在“岭南膏方节”选择与医院合作，为“南方名医帮”粉丝以及在南方$^+$ App直播页面观看和参与互动的用户提供了膏方节纪念品。从为用户提供知识，到为用户提供专家连线机会以及纪念品，完成了全套服务，进而转换为用户平台回馈，增强用户黏性。除了围绕“医疗”的“南方名医帮”，名记工作室还针对不同的服务对象，创造不同类型的专题，开发内容对口的新媒体产品。名记工作室刻画了精准清晰的用户画像，利用“用户—产品—运营”思维有效配合生产优质内容[②]。

（三）制定弹性薪酬激励机制

媒体传统的绩效考核方式，更多采用量化考核，根据写稿用稿情况计分的方法来激发记者的积极性，这也令记者陷于碎片式的新闻报道中，进而忽略团队协作，影响内容生产的多样性。而南方名记工作室制度则强调在考核奖励上总体鼓励“跳摘”、宽容失败。南方报业对名记的考核，在现有薪酬考核体系的基础上适度创新，让记者平常有相对固定的薪酬保障，从日常琐碎事务和计件工资中适度解放，着力经营转型融合的优势项目、品牌栏目、重大题目。在完成每月基本任务、取得固定薪酬的情况下，根据年度重点任务的质量、影响、成效等，在年底由南方日报编委会综合评出“优秀”“良

① 曹斯、陈枫：《从“南方名医帮”的实践看南方名记工作室的运作逻辑》，《中国记者》2017年第1期。

② 曹嫒嫒：《“产品经理”思维如何助推媒体融合转型——以“南方名记者”培育工程为例》，《南方传媒研究》2019年第4期。

好”“达标”“不达标”四档进行考核奖励。其中“优秀”档次标准较高，必须跳一跳才能够得着，由此产生激励和引导作用。为激励工作室团队，在考核方面也考虑适当提高团队成员第二署名者的基本分、等级分①。

二、差异定位与创意内容产出

2020 年正式上线的南方都市报 N 视频是在广东省委宣传部指导下建设的主流移动视频客户端，依托“大美广东、港澳传真、热点追踪、民生监督、创意视频”五大内容板块，形成多层次多圈层的原创内容矩阵，日均生产原创视频约 80 条，日均播放量超过 3000 万②。南都 N 视频在短视频平台上，一直坚持媒体连接的功能，注重“强现场、正能量、暖新闻、趣味性”四大短视频的爆款逻辑，在主流短视频的内容创作上积累了不少成功经验。

（一）坚持优质原创内容产出

优质的原创视频内容，一直是各个平台上的稀缺资源。南都短视频事业部的专业团队，在重大事件、节点新闻、创意视频上不遗余力地投入，经常进入各平台的榜单排名，获得了业界和学界的肯定。在全网视频传播上，坚持优质原创内容优先，是成功的关键。N 视频首先要求有现场画面，其次是优质独家的现场，最后是创新报道形式③。此外，在内容模块上，除了既有的五大内容板块，N 视频也在探索新的栏目，例如针对粤港澳大湾区方言传承和传播的需求，N 视频推出了“N 言 N 语”频道；针对近年脱口秀视频带动的吐槽评论热潮，适时推出了时事点评栏目《N 视评》、娱乐点评栏目《八爪娱》、体育点评栏目《南看台》等，均获得较好的互动数据与成效，拉近了同年轻受众群体的距离。

（二）利用活动运营提升自身品牌力

除了视频内容创作，N 视频也积极提升自我造血和盈利能力，以求平台

---

① 曹斯、陈枫：《从“南方名医帮”的实践看南方名记工作室的运作逻辑》，《中国记者》2017 年第 1 期。

② 南方日报：《智慧传播，融合转型！南方报业传媒集团亮相“2021 中国网络媒体论坛”》，https：//mp. weixin. qq. com/s/HQhDevCL5jn9IKm StlPSQg，访问日期：2022 年 4 月 7 日。

③ 陈伟斌：《扣准情绪传播，重塑新闻连接——“南都 N 视频”的抖音快手生产运营手册》，《南方传媒研究》2019 年第 4 期。

长期发展。在南方报业各类新媒体制作和新服务方面，N 视频均有很高的参与度，已逐步成为南方报业新的、差异化的媒体服务产品。在对外合作方面，N 视频也拿到一些好的订单，包括各类定制视频和整合营销①。例如，N 视频 2021 年 2 月举办“在广东过年挺好”的主题公益活动，通过地铁专列以及活动专属小程序，打通线上与线下，设计了一场视觉效果良好的大型营销，提升 N 视频 App 的品牌曝光度，取得了较好成效，显示了 N 视频不仅有传播能力，也有政务、服务和商务上的解决方案的形象。在这些活动的运营和策划中，N 视频不仅能够创造营收以供生存和发展，还在一次次活动的积累中不断提升自身在受众中的知名度，传递自身的品牌效能。

（三）完善专业团队布局

作为推动媒体深度融合重要的抓手，N 视频从创建之日起，就吸纳了一批集新闻生产能力与视频生产能力于一身的采编人员。在新闻视频的采编上，考虑到原创视频重团队多投入的问题，南都 N 视频重视建设拍客体系和 PUGC（Professional Generated Content + User Generated Content，即“专业用户生产内容”或“专家生产内容”）。与资讯类视频平台“梨视频”等不同，南都拍客集中在职业爆料人、通讯员、高校学生和区域自媒体上，基于这类专业用户的新闻敏锐力和事实把握能力，获取的视频素材拥有较高的可信度，甚至可以和视频记者直接同场竞技、同题竞争②。在人员编排上，明确“无视频，不传播”的内容生产理念，树立“随时拍、立刻剪”的视频生产意识，设置 3D 视频工程师、视频特效工程师、动画师等多个全新岗位，为打造可视化视频新闻做好人才储备③。据业内人士介绍，南都内部也对 N 视频的发展采取了强有力的倾斜和扶持措施。N 视频 App 上线不久，报社就下发了全员视频化方案，考核指标主要包括“视频生产数量”“外部邀约入驻开号数量”和“视频生产质量”。人才的专业化和考核制度的保障，保证了视

---

① 王佳：《构建新型传播力，深度参与融媒转型——南方报业 N 视频从 1.0 迈向 2.0 的探索与思考》，《青年记者》2021 年第 7 期。

② 陈伟斌：《扣准情绪传播，重塑新闻连接——“南都 N 视频”的抖音快手生产运营手册》，《南方传媒研究》2019 年第 4 期。

③ 陈蓓蕾：《短视频视角下的对外传播策略——基于南方都市报“N 视频”的实践分析》，《南方传媒研究》2021 年第 3 期。

频质量的稳定输出以及 N 视频的高效生产。

三、平台多矩阵传播体系

南方报业在打造主流网红上取得成功，不仅得益于专业的团队以及优质的内容产出，传播矩阵的渠道多元化亦是不可忽视的“团队成员”之一。通过推出个性化、对象化、定制化的内容产品，提供高品质、专业化、特色型的智慧服务，逐步打造了包括南方经济智库、南方法治智库、南方教育智库、南方城市智库、南方党建智库、南方数字政府研究院、广东乡村振兴服务中心、南方周末研究院、南都大数据研究院、南方舆情数据研究院等在内的形态完备、产品多样的系列传媒智库，初步形成了一个具有中国特色、南方气质的南方传媒智库矩阵。南方报业还发挥媒体资源连接优势，拓展多元文化产业，积极探索资本、技术、人才“三轮驱动”的创新发展模式，大力拓展“传媒 + 园区”“传媒 + 金融”“传媒 + 产业”等新兴业务板块，构建融合政务服务、文创服务、数据服务、交易服务、文化娱乐、智慧生活的“1 + N”新型产业结构①。

在媒体深度融合过程中，南方报业对融合发展的目标和路径进行了深入思考和探索，提出了“内容一体化生产、技术一体化支撑、经营一体化统筹”的实施战略和“移动化、平台化、可视化、智慧化”的具体实施路径。南方⁺技术平台的建设，正是按照集团的“技术一体化支撑”和“移动化、平台化、可视化、智慧化”的思路具体落实开展的②。在南方⁺技术平台中，所有产品都基于移动端进行设计开发，并针对不同用途建设了不同的各方面专属的技术平台，如内容生产传播平台、经营创新服务平台、运营推广管理平台、党政服务平台等③，让采编、经营、运营等业务部门都能在各自的平台上将自身实力发挥到极致，最大化地调动整个集团的生产力。

---

① 《南方报业传媒集团简介》，https：//www. southcn. com/aboutus_nfbyjt，访问日期：2022 年 4 月 7 日。

② 黄常开：《传播力——南方报业媒体融合实践》，南方日报出版社，2021，第 17 页、第 116 页。

③ 范玉平、杨文标、罗小龙、张仲凯：《打造“南方⁺”移动发布平台，加快集团媒体深度融合发展》，《中国传媒科技》2021 年第 3 期。

在举全集团之力建设南方⁺的大背景下，南方报业成立了报网端融合运营委员会，以推动“内容一体化生产、技术一体化支撑、经营一体化统筹”，促进集团整体融合转型。为进一步推动深度融合，在南方⁺移动发布平台建设取得一定成效之后，又在报网端融合运营委员会之下，相继成立报网端产品研发中心、报网端音视频部、报网端版权工作部、报刊网端理论评论部以及南方⁺编委会，以加强南方⁺的技术研发和内容采编工作。南方⁺充分发挥南方报业的内容生产优势和资源整合能力，对内兼容了南方报业旗下几乎所有媒体的内容发布，包括南方日报、《南方》杂志、南方网、南方农村报、南方周末、南方都市报等的优质内容①。成熟的创作体系以及环环相扣的平台矩阵，除了助力主流网红团队运营以及内容生产，多渠道端口也为优质内容的传播与输出保驾护航，最大限度地完成了媒介融合，发挥了内容价值。

南方报业对主流网红的成功打造，离不开团队在人员调度上的灵活多样性，也离不开在内容生产融合上的突破。同时，无论是主流网红的塑造还是具体的内容生产，其背后都离不开弹性的激励体制与团队配合作保障，更离不开南方报业在技术与平台建设上的大力投入。人员有动力生产优质内容，内容有机会多渠道传播，内部制度有能力协调保障各方，在团队运营与媒体融合的进程中，南方报业提供的实践典范无不体现从上到下各方人员的融合，从而使得自身资源得到最大化的呈现。

第六节　虚拟网红的兴起与应用

凭借技术的支撑，虚拟网红这一特别的网红类型逐渐发展起来，主流媒体或党政机关、企事业单位利用先进技术打造人格化的虚拟网红。特别是 AI 技术在新闻传播领域中的应用，主流媒体推出 AI 虚拟主播，也就是塑造虚拟

① 范玉平、杨文标、罗小龙、张仲凯：《打造“南方⁺”移动发布平台，加快集团媒体深度融合发展》，《中国传媒科技》2021 年第 3 期。

网红。在人机共生的层面，虚拟网红可被视为技术推动下主流网红发展的新趋势之一，其中包括 AI 合成主播，例如新华社 AI 合成主播家族、人民日报 AI 虚拟主播“小晴”、北京电视台 AI 虚拟主播“小萌花”“小萌芽”等，以及共青团中央官方微博推出的“团团”等。此外，一些地方团组织推出的虚拟网红也受到关注，例如福建师范大学团委推出的“小葵”，以虚拟网红的形象推出各类运营账号并进行 IP 衍生生产，成为福建师范大学校园文化的形象代表之一。

一、虚拟网红的团队生产机制

不同于真人网红的生产、推广、运营模式，虚拟网红需要有力的技术支撑、技术研发团队以及大量资金的投入。

支撑虚拟网红的技术主要有：1. 人工智能技术，包括机器人、语音识别、图像识别、自然语言处理、专家系统构建、机器视觉、计算机学习等。2. 大数据技术，包括数据获取途径、数据处理水平、数据可视化等。3. 云计算技术，云服务平台的构建，可以实现不同服务器的集合，进而构建起一个有突出能力，能够实现动态伸缩的资源池，确保云计算的优势得以突出彰显，最终为 AI 虚拟主播在新闻传播中的应用奠定坚实的基础①。

AI 虚拟网红不仅仅是技术的产物，更要呈现具象性和人性化。现已推出的部分 AI 合成主播，都是复刻真人主播在新闻播报时的口型、表情、语言等叙事体系，并且高度还原和整合主持人的身形、神态、话语风格②。因此，虚拟网红的技术研发人员不仅要能够掌握计算机编程技巧，同时必须掌握哲学、心理学、语言学等领域的知识。

二、虚拟网红的应用空间

AI 合成主播具有广阔的应用空间，一是在新闻采写方面的应用，由 AI 合成主播根据搜集到的大数据信息进行整理和分类，按照新闻稿件的编写规则自

---

① 宋国澳、麦梦佳：《智媒时代新闻播报的新特征与发展困境——基于新华社 AI 合成主播家族的研究》，《青年记者》2020 年第 32 期。

② 胡方园、王溥：《AI 合成主播对新闻业态的影响与启示》，《中国广播电视学刊》2020 年第 6 期。

动生成符合播报要求的新闻稿件并进行播报。二是在新闻访谈中的应用，植入特殊算法的AI合成主播，能够按照既定的采访逻辑完成人物访谈，并自动生成新闻稿件，在校验后直接播报。三是在新闻评论中的应用，AI主播能够通过数据的搜集和整理，编制出符合要求的新闻评论稿，而评论规则和文章观点以及论述角度等数据，则需要研发人员事先植入到AI主播板块中①。虽然AI合成主播的应用领域多，但可以看出，AI合成主播的实际应用受到多方限制，无法像真人主播一样灵活，现阶段的应用往往仅限于全国“两会”等重大场合中。

展望未来，AI合成主播的发展，其传播机制必须重视技术的深度融合，把握融媒体发展为智媒体的趋势。要让虚拟主播走向虚拟网红，更为关键的是要得到受众喜爱，因此决不能“闭门造车”，而需要一边研发一边应用。虚拟主播的每次应用中，需要专业团队收集受众回馈，进行市场效应评估，推动虚拟主播进一步完善。

从受众角度来看，AI合成主播的打造必须贴合受众生活和认知框架，以此达成有价值内容的常规化输出，从传播反馈上达到并超过受众的心理预期。从生产角度来看，虚拟网红在技术上须投入极大的成本，通过市场研判可以在一定程度上进行调整，降低生产的人力、物资、时间和空间成本。专业人员紧抓受众回馈和市场效应，可以提升传播信息在受众中的接受率和转化率，也使得传播信息得到便捷处理和实时反馈，深度丰富和优化受众的体验。依赖于专业人员的指导，未来的虚拟网红发展可以兼具技术性和社会性，在技术创新的基础上更具人性化表达与应用性。

① 梁亚宁：《AI主播在新闻传播中的应用研究》，《新闻爱好者》2021年第9期。

第八章
主流网红的示范效应与价值引领

相较于一般的网红，主流网红更具传播力、公信力和引导力，能够为个人、群体和各行业提供良好的示范效应，发挥主流价值引领功能。

第一节　主流网红的示范效应

主流网红的示范效应可分别从“示范”和“效应”两个方面来理解，“示范”即做出榜样或典范，以供他人学习和效仿；“效应”可以理解为是“作用”。示范效应通常指的是特定群体的言语、行为会对他人产生影响和引导的作用，一般而言是正向的。

一、为不同人群提供榜样

主流网红如今不只是媒体界的专有名词，其范围在扩大，党政机关、企事业单位都可以培育其主流网红。主流网红可以成为不同领域中的“排头兵”，为各行各业带来示范效应，包括为不同人群在道德、精神、工作、生活、行动等方面提供榜样。

第一，创新工作形式。一些小有成绩的主流网红能够根据平台定位，借助平台功能，实现自己工作形式的创新。包括运用剪辑、配乐、字母特效等方式，制作符合平台用户习惯的短视频；及时转换语态，加大与用户的互动力度，重视用户黏性；以宣传、内嵌等方式，与新媒体平台进行合作，为自己的工作内容增添活力。

第二，有力的舆论引导。如新冠肺炎疫情暴发以后，张文宏医生对于新冠肺炎疫情的专业性解读、精辟幽默的“金句”发言，成为公众面对疫情时的一根“定海神针”。面对各地的疫情突发状况，张文宏都能够通过媒体采访、微博发言等各种方式向社会和公众传递权威性信息，在安抚民心的同时也能有效引导舆论。

第三，关注社会民生。主流网红各自的工作性质、工作内容不尽相同，但其最终落脚点都是为人民服务。因此，关注社会民生、解决社会的“疑难杂症”同样是主流网红的使命所在。以《1818 黄金眼》为例，这台浙江卫视6 频道推出的栏目，通过关注、跟踪社会民生中的大小事，能够切实为百姓的疑难问题提供帮助，并且推动问题得到落实和解决。

二、媒体融合创新的探索

主流网红的示范效应，其对媒体行业的影响，是可以作为一个单独的模块来探讨的。这里，我们重点结合南方报业的实践进行阐述。

首先，要深耕主业。主流网红要在专业化内容生产上有所建树，并且能够带来较大的社会影响力。南方报业在选拔“南方名记”、培养主流网红的过程中，涌现了一批专注特定领域的优秀记者，如第二批“南方名记”之一的肖文舸，是长期关注工信、财税的经济记者，近年来推出经济类短视频栏目《船说广东》，邀请多位经济记者加入其中，共同关注广东的经济发展；连续三年作为“南方名记”之一的李秀婷，在南方日报时政新闻部专注医疗卫生领域的报道；第七批“南方名记”之一、南方日报时政新闻部的祁雷专注政法新闻报道多年……作为推出主流网红的“先头兵”，南方报业在这方面已经取得了较为卓越的成绩。

其次，要开拓创新。主流网红要在新闻理念、内容、体裁、形式、方法、手段等各个方面起到带头作用，做出新的成绩。2015 年时，H5 在中国互联网上兴起。乘着这一风口，南方网新闻中心主任助理、第二批“南方名记”之一的朱景，和他的同事一同推出了 H5 新媒体实验室，陆续推出多部 H5 作品并广受好评。在总结经验时，朱景提到，他总会在向他人介绍、培训的过程中提到做新媒体产品的“联系思维”，他认为互联网的创新也来自这一思维。借助 H5 这一技术手段，朱景及 H5 新媒体实验室团队总是能够很好地结合当下的时事、媒体的新闻报道以及日常生活等关键因素，适时推出创意新颖、制作精良的新媒体作品①。

最后，要融合发展。主流网红要传统技能和新媒体技能两手抓，成为全媒型人才。“南方名记”队伍中，不断涌现出向全媒型靠拢的人才。如作为

---

① 朱景：《南方网〈H5 新媒体实验室〉：换一种思维　换一种创新　换一种融合》，《南方传媒研究》2018 年第 2 期。

第五批、第六批“南方名记”之一的毕嘉琪，在入选这一记者培育工程后，她所在的南方日报文娱新闻部就成立了“毕嘉琪网红工作室”，并以此为阵地，开展了一系列融媒体产品的生产和探索①。毕嘉琪从起初的纸媒记者身份，逐渐向新媒体节目编导、主持人等多栖身份转型，连续推出的《珏嘉秀》《宝览南粤》等优秀栏目和项目，获得中宣部、广东新闻界等多方关注，她也在向媒体“多面手”方向持续发展。又如第五批、第六批、第七批“南方名记”之一的张梓望，作为视觉新闻部的记者，他镜头下的广东颇具人文情怀。不管是武汉抗疫、河南洪灾，还是孟晚舟回到祖国怀抱等重大事件报道，都有张梓望的身影。他能够以动静结合的独特视角，为时代定格许多有意义的镜头。

第二节　主流网红的知识价值引领

人类进入工业社会、信息社会和数字社会之后，知识总量呈现爆炸式增长，获取知识的渠道也日益丰富。时至今日，人们的生活生产空间从实体空间慢慢向网络空间转移，知识的传递也逐渐在“云上”进行。主流网红凭借其丰富的知识储备、专业的网络洞悉能力以及个人魅力，通过向受众传递正确的知识价值观念，能够实现知识方面的价值引领功能。

一、健康知识普及

“我生怕三分钟内没留言，寒了宝贝的心”——这是一则来自“深圳卫健委”微信公众号文章下的有趣留言，充分说明了“深小卫”（昵称）与其粉丝间关系的“双向奔赴”。2015 年 9 月，深圳市卫健委旗下的“深圳卫健委”公众号开号。2018 年 5 月，凭借着《戏精女护士》短视频，“深圳卫健

① 毕嘉琪：《探寻党报文娱报道转型的创新空间——以〈南方日报〉文娱线条转型实践为例》，《南方传媒研究》2018 年第 2 期。

委”微信公众号走红互联网。新冠肺炎疫情暴发后，“深圳卫健委”公众号以其接地气、搞怪有趣的亲民形象不断向用户科普健康知识。除了抗疫相关知识外，还包括其他方面的健康知识，“深圳卫健委”公众号的科普文章获得广泛好评。深圳市卫健委宣教处负责人王岭说：“如今我们发一篇推文，10 万 + 只能算合格，20 万 + 已经是日常，最高阅读量达到了 773 万 + 。”[①]

“最靠谱的科普，最有趣的灵魂”，是“深圳卫健委”公众号的“招牌”。其以幽默搞笑的方式向用户输出专业靠谱的健康知识，打破了以往政务新媒体严肃、刻板的印象，使得各种健康知识能够以更通俗易懂的图文形式出现。另外，“深圳卫健委”公众号科普文章的结尾还会附上该文的参考文献和审核专家信息，以此表明“深圳卫健委”的专业与靠谱，也向用户输出了一种求真、务实、尊重现代医学知识的价值观，引导大众走上积极关注身体健康、拒绝“讳疾忌医”、分辨“伪医学”、学习日常急救知识的正确道路。

二、文化知识传承

由于内容平台的发展，一些知识分子、专家学者成了网红，有思想、有内容或有实用价值的知识受到了越来越多的人追捧。知识网红的出现，反映了社会对网红这一群体的认识发生了改变。同时，网红的自我认知也有所改变，越来越多的知识分子、专家学者开始加入网红群体，以网红思维进行自我运营，进行知识的分享[②]。专家型知识网红以互联网思维传承文化知识，获得大量粉丝认同，无疑有助于壮大主流网红队伍。

复旦大学哲学学院教授王德峰近年在网络走红，被称为“哲学王子”，其哲学课视频获得大量粉丝好评。“大家不是在等我，是在等待哲学。”这是一场听众爆满的公开课上王德峰的开场白，也是他对自己“出圈”的绝妙诠

---

① 南方都市报 App：《深圳卫健委公众号全网走红，南都专访揭“深小卫”流量密码》，https：//m. mp. oeeee. com/a/BAAFRD000020 211108621714. html，访问日期：2022 年 4 月 17 日。

② 匡文波、刘建萍：《“知识网红”与“网红”社会价值转变》，《人民论坛》2019 年第 27 期。

释。这说明了，哲学被社会需要，哲学可以成为当下中国人的精神养料①。不仅是哲学，其他类型的知识网红，对于推动学习型社会建设也具有重要意义，在知识传播和价值引导中能够起到积极作用。

除了知识网红外，媒体的文化类节目、知识类节目，也给文化共享、知识传授带来了更多的可能性。已成功举办多次的《中国诗词大会》，以创新的方式带动全民重温那些曾经学过的古诗词，分享诗词之美，在趣味角逐中感受诗词之趣，从古人的智慧和情怀中汲取营养，涵养心灵。央视主持人董卿、龙洋和几位点评嘉宾妙语连珠，无疑给节目锦上添花，成为节目一道亮丽的风景线。特别是《2022 中国诗词大会》以融媒体思维追求表达创新，亮点喜人，运用全新的方式与生活互动。在新媒体传播方面，《2022 中国诗词大会》针对互联网用户的收看特点，充分开发节目视频资源，全方位、多角度进行片段化视频生产，既有几分钟精编版短视频，还有伴随每集播出的精彩预告等短视频，丰富多彩，长短结合，强化新媒体传播。几乎每一集的看点视频，都成为“爆款”收割亿万流量②。

作为《中国诗词大会》的主持人，董卿、龙洋温婉大气的气质十分符合该节目的整体格调，传递了古典诗词细水长流的韵味，观众被带进一种沉浸式欣赏诗词的状态，充分领略到诗词的魅力、中华传统文化的博大精深。在价值引领方面，央视主流网红用个人才华、出众的主持能力配合着优秀的节目制作，成功地带领观众发现中华传统文化之美，塑造了一种正确看待中华传统文化的价值观。

总的来看，传承文化、分享知识的主流网红有着许多相似之处，如都在某一专业领域内有着渊博的学识，能够将复杂的专业知识转化为通俗易懂的内容，拥有知性魅力，形象气质佳，等等。更重要的是，主流网红能够紧跟时代潮流，利用多种新媒体渠道与表现方式来输出知识，积极地引导粉丝用知识塑造完美人生。

---

① 彭薇：《有哲学修养的人，工作能力会更强——对话复旦大学哲学学院教授王德峰》，《解放日报》2021 年 7 月 16 日第 13 版。

② 王永利：《〈2022 中国诗词大会〉赏诗词之美、寻文化之根、铸民族之魂》，https：//baijiahao. baidu. com/s？ id = 1726628673509792280&wfr = spider &for = pc，访问日期：2022 年 4 月 18 日。

第三节　主流网红的审美价值引领

欣赏美、创造美，是人的内在精神需要。数字时代人们的审美观念发生了很大变化，社会群体的审美趣味、审美感受、审美理解、审美品位处于重构之中，主流网红要以健康的审美观念来表现生活、引领时尚，让人们懂得什么是真正的美。

一、审美观念变迁的媒介动因

审美观念又称“审美观”，在实践中常指某种美学观点、对某个美学问题或审美现象的基本看法①。它是人们在实践中形成的一种关于美的理性认识，一经形成就具有相对独立性。

审美观念是处于变化之中的，受时代的政治、经济、社会、文化等多种因素影响。在全球化的语境中，审美观念具有更多元、更丰富、更开放的属性。同时，审美观念还体现出个体的差异性，它受审美主体的思想、修养、性格、气质、心境乃至境遇的制约②。

尽管审美观念的形成取决于个体自身，但是媒介在个体审美观形塑过程中也会发挥影响力，这主要体现在以下几个方面：首先，媒介是人们获得外部信息的主要通道，特别是在新媒体时代，媒介通过对各种物品、空间、场景的传播进行议程设置，从而引导受众审美观念的形成。其次，媒介的资本逻辑重塑了受众的审美观念，特别是在消费社会当中，媒介通过广告或符号建构等宣传方式塑造了大众对于日常生活的审美追求，从而影响大众对个人面貌、个人姿态、城市形态、社会形态等从微观到宏观的追求。最后，审美观念也会反作用于媒介本身，当某种主导的审美形态得以形成后，媒介为了

---

① 吴世常、陈伟主编《新编美学辞典》，河南人民出版社，1987，第66页。

② 李建群、肖英：《当代中国审美观念变迁的表征及批判》，《南京社会科学》2018年第2期。

迎合大众的需求，会主动创造和传递相应的信息产品，从而维持以及壮大自身的受众群体，巩固自己的地位和引导力。

当代的审美观呈现出多元化的特征，社会对于“美”的理解和追求并不局限在一个层面，而是给予了各种形态的“美”更多延伸的空间。“美”不局限于颜值、形象等外表的美，更有对品德、素质、社会状态等内在与宏观层面的美。社会需要健康的审美观念，主流网红在这方面应该成为虚拟世界和现实社会审美潮流的引领者。

二、主流网红的审美观念传导

主流网红审美观念的外化，向粉丝传导，其效应主要体现在三个方面：一是对大众“自我美”认知的建构，即每个个体对自身形象、性格、品质等方面何为美的认知；二是对大众“他人美”认知的建构，即个体对他人形象、性格、品质等方面何为美的认知；三是对大众“社会美”认知的建构，即个体对于社会整体状态、未来发展、社会目标何为“美”的认知。

（一）“自我美”的认知

“自我美”认知的建构与“他人美”认知的形塑之间是相辅相成、密不可分的。只有大众对于真正的“他人美”有一个正确的认知，才能借此折射到自己身上，用对他人的审美标准来鞭策、改变自己。因此，主流网红对于“他人美”和“自我美”这两方面认知的建构是环环相扣的，主流媒体必然通过各种媒介形态与传播方式奠定社会大众对于“他人美”的判断标准，然后再进一步引申到每个个体自身。

以东京奥运会期间主流媒体对众多奥运健儿的报道为例，杨倩、全红婵、马龙、樊振东、苏炳添等奥运健儿在网络上的走红，一方面是主流媒体造势造星、引导舆论的结果，另一方面也是主流媒体借此修正社会上部分病态审美风气的过程。东京奥运会期间，“奥运会狠狠修正了我的审美”的热搜拥有近 6 亿的阅读量，网友们纷纷模仿奥运健儿进行运动打卡。健康、强壮等标签逐渐成为社会大众更主流的审美标准，与以往商业和资本制造的病态审美形成了鲜明的对比，这种自然、真实的审美观念拥有着人类最本质的

“美”，也更能引发社会共鸣①。

消费社会中，资本和商业逻辑侵入文化与审美领域，滋生出“白瘦幼”“阴柔”“网红脸”等病态的审美标准。这些病态审美通过明星网红等拥有强大影响力的人物不断扩散，而资本则靠着可以制造的“颜值”和流量相结合形成“审美经济”进而敛财，其宣扬的病态审美观广泛传播。许多人在此影响下，对自己的身体和外貌产生了不自信，进而借助外力改造自己，如整容、瘦身、断骨等等。此类病态审美带来的影响大多是负面的，虽说目前我们追求的是多元化的审美，但是多元的前提必然是正确，更是尊重自己的身体和生命。

针对社会中的审美乱象，《光明日报》曾经发表了十余篇文化评析，深刻讨论了“新时代需要健康的审美观”这一问题。在东京奥运会期间，主流媒体通过对我国奥运健儿的报道，提倡健康、自然、自信的审美观，从而构建社会大众对于“自身美”的正确认识。从人生美学的维度而言，健康的身体、优良的品质、美好的灵魂才是“真美”，我们应该积极倡导健康向上、自然本真的审美风尚，而不是为了迎合病态审美不断改造甚至是伤害自己的身体。健康的审美观和审美风尚，不只体现在外表，更体现在一个人的内在。我们常说“内在美”，一个有着“真美”的人，尽管外表不那么动人，但是其品质、谈吐、行为也必然会对于外界有着强大的吸引力，这也是我们应该追求的“真美”。奥运健儿作为独特的主流网红，在“自身美”这个层面为我们塑造了健康、正确的审美观念，这不仅对个体自身发展有着重要作用，也为群体乃至整个社会的审美标准、审美风尚、审美行为提供了良好的示范。

（二）“他人美”的认知

主流网红对于大众“他人美”认知的建构，主要通过个人形象展示、言语呼吁、内容输出、打破工业化审美等方式实现，而这个过程同样需要主流媒体支持。

以央视主持人龙洋、王嘉宁的走红为例，她们的成功不仅仅在于央视的大量支持，更多地在于其自身的实力，从颜值到专业能力，均获得年轻人的

---

① 江欣泽：《奥运会到全运会，运动员带来的“正确审美”会成时代主流吗》，https：//www.thepaper.cn/newsDetail_forward_14527732，访问日期：2022 年 4 月 17 日。

点赞。她们在一定程度上打破了工业化审美和单一化审美趣味。以往人们对于网红的认识可能更多地停留在高鼻梁、大眼睛、尖下巴、身材高瘦等词语上，而龙洋、王嘉宁的形象跟资本和商业鼓吹的审美标准其实是大相径庭的。这两个清新自然的姑娘，用她们治愈的笑容、知性的风格、大方的谈吐、极高的专业素质，一改标准化的审美观念，让社会大众了解到不同形式的“美”也独具风采，而她们本身也成为真正的网红主持人，为传统主流媒体突破青年圈层提供了重要助力。

龙洋、王嘉宁为社会大众对“他人美”的认知提供了典范。一个具有“真美”的人，其美之处不仅只是外表，更多是由内而外散发出来的个人气质、个人魅力、个人素质、个人品德。社会大众也通过对“他人美”的主动认知，建构起了对自身的审美标准和审美规范，也即“自我美”的认知。

（三）“社会美”的认知

“社会美”认知的建构是所有主流网红集大成之果。每一个主流网红都具有独特的品质和个性，他们身上各自的“美”积累起来便成为整个社会共同的“美”。“社会美”是当下主流网红所共同表征出来的“美”，同时也是主流媒体、主流网红以及大众需要共同追求的“美”。

以 2022 年度“南方名记”榜单为例，14 名主流网红涉猎的领域覆盖政治、经济、文化、农业、医疗、教育等多个方面，且深耕广东各地，他们善用现代传播手段，在各自的领域开拓创新、引领风向，唱响主流舆论的“南方声音”。通过这些名记者的讲述，大众对于社会现状以及整体风貌也有了更深刻的了解，在他们的笔下了解何为真正的“社会美”。

其中，深耕政法和军事报道的祁雷通过讲述军事故事、解读专业政法知识，展现了“为民服务、锤炼正义”的“政治美”；医疗领域的李秀婷通过讲述新冠肺炎疫情期间的动人故事以及卫生健康领域日常的细节，展现了“医患和谐、人人能治”的“医疗美”；经济领域的昌道励通过报道中国加入世界贸易组织的发展现状，展现了“全民富足、持续发展”的“经济美”；农业领域的黄进通过独特视角传递“三农”观点，讲好“三农”故事，展现了“乡村振兴、互帮互助”的“乡村美”；文化领域的黄堃媛通过将“国宝”搬上荧幕、挖掘文化瑰宝，展现了“优质传统、精品现代”的“文化美”；教育领域的王雅铄通过打造“佛山大课堂”等教育新品牌，推动佛山教育上通下联，展现了“寓教于乐、寓教于民”的“教育美”……这些“美”共同凝聚在一起，成为社会大众认知的“社会美”。而它不仅需要主流媒体和主流网红持续输出相应的内容和观点，巩固社会大众的认知；同时，社会各界也需要不断努力，实现这一美美与共的“社会美”。

在新媒体时代，主流网红彰显的审美价值，既体现了个人的审美观念，同时更多地表征了社会主流的审美观念，这里的“美”不仅仅只是形象美、外貌美，更是思想美、心灵美。主流媒体和主流网红发挥其作用，通过创造“真美”的方式，重新掌握建构社会审美观的主动权，努力营造和谐雅正的审美生态。

第四节　主流网红的社会价值引领

随着我国经济社会的发展、文化领域的变革，人们思想认识上的独立性、选择性、多变性、差异性日益增强，各种价值观念和社会思潮纷繁变幻。社会主义核心价值观从国家、社会、公民三个层面确立了当代中国的价值坐标，指明了我们为之奋斗的国家理想、社会愿景和共同追求。

社会主义核心价值观既明确了国家和社会层面的价值目标，也概括了公民个体修身的道德准则，是主流网红开展活动的价值坐标。主流网红能够具有广泛的传播力、影响力，重要原因之一就是社会主义核心价值观的引领，而主流网红的传播力、影响力，也是带动粉丝践行社会主义核心价值观的重要力量。

一、国家层面的信仰支撑

富强、民主、文明、和谐，是国家层面的信仰支撑和价值导向，在社会主义核心价值观中居于统领地位，反映了中华民族寻求伟大复兴的愿景。主流网红的重要使命之一，就是要塑造富强、民主、文明、和谐的中国形象，使受众潜移默化受到国家层面价值导向的感召。实现国家富强、民族振兴，人民追求美好生活的目标也必然会实现。

不同于一般网红，主流网红怀抱家国情怀和责任担当。研究了一辈子杂交水稻的“共和国勋章”获得者袁隆平说：“我的初心就是让中国人民吃饱饭，把中国人的饭碗牢牢地抓在我们自己手中。”中国人从站起来到富起来到强起来，都离不开粮食安全[①]。“七一勋章”获得者、云南丽江华坪女子高级中学校长张桂梅，在平凡的岗位上用自己的实际行动谱写了一曲曲大爱无疆的生动赞歌，体现了知识分子强烈的爱国主义追求和高度的社会责任感。

主流网红在各自领域中发光发热，以实干推动国家发展，他们以自身言行激发网民爱国热情、凝聚民族精神。正是这样的网红，这样的精神，这样的正能量，推动着中国不断前行。他们恰似一杯清茶，意蕴悠远，即使岁月流逝，依然成色十足[②]。

二、社会层面的精神指引

自由、平等、公正、法治，是社会层面的价值取向和精神指引。主流网红进行社会层面的价值引领，有助于维系社会团结、建设美好社会、推动社会前进。

以成都市市场监督管理局打造的《你点我查》栏目为例，成都市监局推出代表形象“督哥”，以食品安全为切入点，选取网友评论的品牌进行检查，让市场监管充满互动感，既能保证市场监管真正为民发声，又将执法过程透明化，让网友参与监督规范执法。栏目推出不到半年，“成都市场监管”官方抖音号的粉丝从10万迅速涨到了100多万，最高一期视频播放了超过4000万，整体播放量超过3亿[③]。在主流网红“督哥”的价值引领下，网友们在评论区讨论食品安全问题、肯定执法人员工作。成都市市场监督管理局通过政务新媒体发布的内容，彰显了法治精神，弘扬了法治价值。

---

① 王斌：《感恩袁隆平：把中国人的饭碗牢牢抓在中国人手中》，https：//baijiahao.baidu.com/s?id=1700551081806948900&wfr=spider&for=pc，访问日期：2022年4月20日。

② 李晓伟：《具有家国担当的网红更给力》，《求学》2016年第43期。

③ 吴采倩：《检查哪家店，网友说了算，对话成都市场监管局“你点我查”主持人》，https：//mp.weixin.qq.com/s/ynodPydP1OKmdfFP0uBLvg，访问日期：2022年4月20日。

三、个人层面的价值示范

爱国、敬业、诚信、友善，是个人层面的价值准则，它从个人的政治道德、职业道德以及个人的德性品格等方面，强调了作为一个社会主义社会的公民，应当具有的核心道德价值。相较于国家层面和社会层面的价值引领，主流网红在进行个人角度的价值示范时，往往距离感更小，与受众贴得更近，更容易起到示范作用。

毕业于清华大学的陈行甲，在担任国家级贫困县湖北巴东的县委书记期间，在网上演唱《美丽的神农溪》《巴东之恋》等歌曲，一天内点击率就高达 10 万余次。陈行甲还参加了 3000 米高空跳伞活动，让更多人关注当地的旅游事业。新华社发表的题为《书记高空跳伞为旅游代言应该点赞》的评论文章指出："只要是为了工作，为了党和人民的事业，这样的'搏眼球'也不必对其大惊小怪。以往很多干部给人留下的都是古板的印象，其实每个人都是独一无二的，干部的形象也应该是多元化的。"[①]"土得掉渣"的陈行甲在母校的一次演讲中说："你不是太阳，但你可以发出比太阳更温暖的光！"《人民日报》刊发的评论文章说：陈行甲"切身的感受、真挚的话语，道出了多少大学生村官、年轻公务员在基层的艰辛与坚守，又唤起多少年轻人心系苍生、以身许国的炽热情怀！"[②]任职县委书记期间，陈行甲努力让巴东脱贫，让老百姓过上好的生活，"爱国""敬业"正是其真实写照。后来，陈行甲辞去县委书记职务，投身公益事业。陈行甲撰写的自传体图书《在峡江的转弯处：陈行甲人生笔记》，在 2021 年由人民日报出版社出版。该书生动记录了陈行甲人生路上的所见所闻所感，让很多人为其精神触动。北京开卷信息技术有限公司发布的 2021 年图书零售市场数据解读报告显示，《在峡江的转弯处：陈行甲人生笔记》成为热销图书[③]。

在东京奥运会男子 100 米半决赛中跑出 9.83 秒成绩的苏炳添，就以他的

---

① 川报观察综合：《网红书记陈行甲离职　名人官员是怎么炼成的?》，https://cbgc.scol.com.cn/place/26687，访问日期：2022 年 4 月 20 日。

② 李拯：《让青年干部的路越走越宽》，《人民日报》2016 年 5 月 4 日第 5 版。

③ 张稚丹：《从开卷数据看 2021 年图书零售》，《人民日报·海外版》2022 年 1 月 20 日第 7 版。

“斜杠人生”展现出了个人价值的“应然”。在赛场上，他为国争光，刷新男子 100 米的亚洲纪录，成为首个闯入奥运会男子百米决赛的中国人；在校园里，作为暨南大学副教授，他认真授课、开展研究，担任苏炳添速度研究与训练中心主任，通过技术分析着力青少年选才和培养；在家庭中，他与青梅竹马的妻子携手并进，训练之外的柴米油盐酱醋茶平淡而温馨。

北京冬奥会赛场上，“以谷爱凌、苏翊鸣为代表的年轻运动员，展现出自信阳光的精神面貌，起到了很好的示范引领作用”①。这些优秀运动员成为青年人的榜样，其不畏极限运动的挑战精神、赛场上的拼搏精神，为还在迷茫犹豫、不知如何前行的青年人指明了正确前行的方向。

主流网红的经历、宏大叙事与个人生命交织的故事，能使社会主义核心价值观与普通人的现实问题、现实诉求结合，激发强有力的情感认同，从而推动公众向着个人更好、社会更善、国家更强的未来一同迈进。

第五节　在多元整合中实现价值引领

网络时代人们的交流方式、思维方式和行为方式都发生了深刻变化，对主流价值引领提出了严峻挑战。我们必须多元整合渠道和力量，在互联网主阵地开展多样化、个性化的活动与服务，强化高品质的内容生产与传播，增强网民的价值认同。如共青团中央针对青年群体的特点，着力打造团组织的自媒体阵地，培育主流网红，取得了良好的成效。共青团中央微博账号于 2013 年创办，微信公众号于 2014 年创立。2017 年 1 月，共青团中央在 B 站建立了官方账号，2020 年 2 月共青团中央视频号发布第一条视频。共青团中央陆续入驻网易云音乐、抖音、快手等各大平台，由此形成一个立体化的新媒体矩阵。本节以共青团中央的新媒体实践为例，探讨如何在多元整合中实现主流价值引领。

---

① 谢军：《让奥林匹克教育生根发芽》，《人民日报》2022 年 4 月 18 日第 14 版。

一、合理设置议题提升主流价值传播效果

共青团中央在B站的作品形式有视频、音频、专栏文章以及图片，其中又以视频为主要形式。共青团中央通过合理设置议题，用生动活泼的形式呈现主流文化，传播主流价值观。考察共青团中央在B站平台上发布的视频，其议题类型可分为时政热点、人物事迹、社会文化与生活、新冠肺炎疫情防控信息等。尤其是时政热点类的视频观看量很高，其传播效果、舆论引导作用是积极显著的。此类议题还被细分为国力发展、时事热点、外交发言、祖国统一和民族团结等主题，内容十分丰富。

为了适应新媒体传播去中心化、交互化的特点，共青团中央抓住青少年群体接收信息的共性规律，打破了多元网络社群的传播壁垒。不同的社会群体之间在价值观、受教育程度、文化认同和身份认同等方面有着显著不同。因此，要想打破不同圈层的传播壁垒，就必须抓住共青团中央新媒体的受众——青少年群体的共性心理特征，即对新鲜事物有着好奇心、渴望发现并展现自我价值、热爱祖国和促进社会和谐发展等。这些议题的设置，能够引导青少年关注现实，加强爱国主义教育。国防力量、科学技术进步的展示，可以让青少年更加了解国家实力发展状况，强化民族自信心和凝聚力。祖国统一大业和民族团结内容的传播，能够培养青少年群体的爱国意识和中华民族共同体意识，使其明晰自身的责任与担当。

在议题呈现的文本样态层面，共青团中央官方微信公众号的推文形成了符合青少年群体特性的多元化、年轻化的话语表达风格，塑造了具有鲜明人格的传播形象。在词汇的使用方面，共青团中央微信公众号上发布的推送，紧跟网络用语的热潮，多运用“咱”“点赞”“pick”“奥利给”“驰名双标”“doge”等接地气的网络口语化词汇，体现出年轻、新潮的活泼风格。漫画、emoji表情、动图等经常出现在文本中，塑造出生动活泼的人格化传播形象。

在议题呈现的修辞策略方面，共青团中央的微信推文标题也很有特色。其技巧包括活用或化用网络热词或流行句式所形成的拟人、夸张、感叹、反问、疑问、隐喻、用典等修辞策略，不仅充实了话语表达的方式，还拉近了与受众青少年群体的距离。例如，标题“99年前刊发的‘恋爱笔记’，教年

轻人这样谈恋爱!”贴近青少年的生活，引起读者兴趣。“中国‘保持沉默’?这事能怪上中国???”连续反问凸显丰富而强烈的感情色彩，三重问号加强气势，调动读者情绪。“冰墩墩：今天我在珠穆朗玛峰，明天我在村口看大棚”，拟人化表达更具亲和力。“各国运动员被中国美食征服，开始疯狂‘干饭’转行‘吃播’，网友：什么时候能放我进去”，既有趣味性，又体现我们的文化自信。“喀喇昆仑上的‘小雪电台’，永远专属于他的浪漫”，仿拟诗歌的语言给人以美感……

总体而言，共青团中央的政务新媒体，其外在的议题呈现样态无论是活泼轻松的，还是温馨暖人的，其内在的价值取向都始终围绕着爱国主义和中华优秀传统文化。共青团中央的政务新媒体在唤起青年群体注意力的同时，以爱国主义形塑青年群体的身份认同，以中华优秀传统文化整合青年亚文化，以此实现对青少年群体的价值引导①。

二、基于榜样激励的价值塑造

合理吸纳大众文化因素，主流文化可以变得更具亲和力。同样，主流网红借助大众文化的力量，可以变得更接地气，与受众打成一片。主流网红以其传播力和影响力演化为网络意见领袖，成为网民的榜样，尤其是对于世界观、人生观和价值观尚不稳定的青少年群体，能够产生正向激励作用。如中国“外交天团”尽显大国风范，华春莹、赵立坚、汪文斌在外交舆论场的精彩发言，通过微博、微信、抖音和B站等新媒体平台传播，极大地提升了国民的民族自信心。

作为网红外交官，华春莹刚柔并济，沉着霸气，犀利幽默，在外交部发言台上以不卑不亢之势，展露出中国凛然不可侵犯的外交姿态，以沉稳大气的言行举止彰显出大国风范②。而赵立坚的发言有理有据，金句频出，“加上那略带嘲讽、又掺着一丝豪横的眼神演绎，以及收放自如的表情管理”，“赵

① 董志杰：《共青团中央新媒体运营研究》，硕士学位论文，暨南大学新闻与传播学院，2020。

② 《记者观察》综合：《华春莹：从“迎春花”到“铁娘子”的蜕变》，《记者观察》2021年第16期。

氏风格”为中国外交舞台增添了新的风景[①]。“做人不能太美国”“拿无理当真理，拿谎言当武器”……网红外交官铿锵有力、字字珠玑的话语，掷地有声、不容辩驳的观点，成了维护国家利益和尊严的利器。这种方式对青少年受众进行的爱国主义教育是沉浸式的，是润物细无声式的。

在思政教育领域，共青团中央 2019 年启动实施“青年讲师团”计划，从各级团组织中选拔优秀青年人才组成青年讲师团，向广大青少年展开宣讲活动，以青年讲师团的示范效应来更好实现对青少年群体的教育和引导。青年讲师团囊括了各行各业的精英，有来自学校的青年教师和学者、来自媒体的青年人才、来自企业的青年骨干。共青团中央集结青年讲师团在 B 站平台创办了《岳辩越明》《青年网络公开课》《青年讲师谈》等栏目。《岳辩越明》由山东理工大学思政课教师岳松担任主讲老师，节目观看累计达到 1.7 亿次。他曾到政府机关、央企、高校等单位进行过百场宣讲；他的个人思政课公众号，也拥有超百万的浏览量。《青年网络公开课》栏目邀请了诸多专家学者为青少年受众讲授学科专业知识，能够帮助青少年开阔眼界、丰富知识、价值塑造。对于青少年群体来说，这样的讲师团队伍本身就带有榜样的属性，对于青少年群体的价值塑造和行为引导具有重要的示范效应。

明星偶像对于青少年成长来说也是不可忽略的一个重要因素，因为名人效应很容易引起青少年的崇拜和效仿。共青团中央通过新媒体引导青少年，也吸纳了正面积极的明星偶像的力量。例如，在共青团中央指导下，微博、新浪网、四川新闻网、四川音乐学院等共同合作发起的抗疫公益歌曲《我们心在一起》于 2020 年 2 月 6 日全网发布。歌曲由张艺兴、王俊凯、关晓彤等演艺明星携手惠若琪、吴静钰、邹凯等体育明星，以及王静、王大庆等公益人士共同演唱。明星的加入本就自带话题，加上振奋人心的歌曲、数千位支援武汉的医护工作者、来自海外的华人代表，就更容易传播举国上下共同抗疫的气概与决心。《我们心在一起》唱出了中华民族万众一心、不畏艰难的主旋律。

此外，共青团中央还和某些视频网站等平台的个人 UP 主（Uploader，上

---

① 阿晖：《赵立坚：网红外交官》，《新民周刊》2021 年第 1 期。

传者）合力发声，通过形成联动机制赢得强大粉丝量，实现多角度发挥多元意见领袖的示范效应，在青少年集聚的网络阵地提高主流文化和社会主义核心价值观的传播效果。例如，“共青团中央”B站账号与UP主“硬核的半佛仙人”合作发布视频《如何暴打历史虚无主义?》，纠正网络上蔓延的历史谣言、历史虚无主义、新自由主义等社会思潮影响下的青年群体的思想观念，引导广大青年受众用历史唯物主义的方法论看待世界，这对于传递主流文化和社会主义核心价值观具有重要作用。

结　语

主流网红的价值航标与未来前景

全媒体时代的社会文化环境发生了巨大变化，信息生产、传播和接收等环节不断被重构，由此带来了网络内容平台的开放化和文化的民主化。作为数字社会特定人群的生存方式，网红现象是新媒体技术赋权与文化民主化的产物。置身新的媒介生态、文化生态，网红群体表现不一，有的成名后能坚守底线不逾矩、保持良好的正面形象，但也有一些人利欲熏心、为抢眼球博出位无节操无下限，近年来国家有关部门连续出重拳对文娱领域和"饭圈"文化乱象进行治理整顿，这些也促使我们重新反思网红的社会定位和文化角色。

当代社会处于空前的大变革之中，人们的心灵从未遭受过如此多样化观念的碰撞。"进入21世纪以来，全球科技创新进入空前密集活跃的时期，新一轮科技革命和产业变革正在重构全球创新版图、重塑全球经济结构。以人工智能、量子信息、移动通信、物联网、区块链为代表的新一代信息技术加速突破应用"①，各种原创性的前沿技术、颠覆性技术，为内容生产、传播创新提供不竭的源泉。文化和技术之间、内容生产者和媒介平台之间日益交叉融合趋势，社会文化实践的数字化趋势越来越明显。从"场景时代"到"元宇宙"再到"心世界"的未来媒介演进逻辑②，技术与文化联姻对人们精神生活的影响已渗透到个体灵魂深处。技术革新、信息爆炸的冲击波，使社会文化价值系统历经强烈的震荡。面对加速演进的新媒体世界和各种混杂信息、异质思维，人们需要不断校正自己的认识方向，对新事件、新内容、新形象和新变化作出合理判断。

数字技术的赋能作用，在经济、管理、媒体、文化等领域全方位显现，技术、资本和市场的力量促使媒体寻求新的生存、发展策略，在娱乐化的取向中开拓市场空间。受众的兴趣发生转移，泛娱乐文化成为社会各界共同关注的场域。追求感官愉悦、日常性、商品性和消费性的数字文化迅速崛起，创造性精神活动与破坏性文化实践相伴而行。各种不同类型的网红竞相涌现，交织着具有张力和矛盾的新型文化想象。

网红引爆的网络狂欢效应，营造了一种文化民主的感觉，网民的个性、

---

① 习近平：《努力成为世界主要科学中心和创新高地》，《求是》2021年第6期。

② 喻国明：《未来媒介的进化逻辑："人的连接"的迭代、重组与升维——从"场景时代"到"元宇宙"再到"心世界"的未来》，《新闻界》2021年第10期。

自主与创造力在一定程度上被激活。大众的心理和世俗的追求也越来越复杂，个体欲望、内在诉求通过新媒体等各种途径表达。“人们追寻平等、满足欲望、肆意狂欢的异托邦和情绪宣泄”①，原有的文化结构和秩序发生深刻裂变，新的文化结构和秩序处于动态重构之中，人们被抛入混沌、迷乱的文化语境。碎片化、浅表化、泛娱乐化的内容生产，万众狂欢之中潜藏着文化危机。网红带来的共振效应，是无数粉丝语言杂多、众声喧哗的无主题变奏。社交媒体上网红各种不同的炒作方式，给人一种乱哄哄的“你方唱罢我登场”之感。不少网红如流星一般划过，标新立异已经成为今天的一种文化时髦。个人品牌塑造和营销模式快速衍化、更替，网红的形象变得尤为复杂。

作为自媒体平台上的弄潮儿，网红在一定程度上掌握了网络传播规律和受众群体心理，通过特定内容或个人特长的发挥，用娱乐化手段制造注意力效应。网红的出现，是利益主体、新媒体平台、网络推手和偶像迷群等虚拟共同体综合作用的结果。网红效应不只是体现在一个时段内粉丝关注的热度，还展示出价值变现能力，催生了一种新经济现象，网红经济的概念开始流行。网红职业化渐趋明显，相当一部分人在自媒体上从事商业营销，其目标其实是为了赚钱。“一些自身素质不高、能力水平不行的艺人却能够一夜走红、万众追捧，频频占据热搜榜单，归根到底是资本逐利的结果。资本通过抓住粉丝非理性心理和需求，制造出各种‘巨星’‘顶流’，通过‘粉丝消费’‘应援集资’等来牟取暴利，明明是违背文艺规律和人民根本利益的事情，却在资本推动下大行其道。”② 在资本逐利驱动、用户生产内容、心理诉求多样的新媒体场域，多元欲望和多元取向并存。

网红开发自身商业价值的过程中，资本建立起了新的行业准则，利益原则与利己主义的驱动可能导致人的欲望大释放，泛娱乐、消费文化背后的资本“推手”不能不引起我们的警惕，要避免网络泛娱乐主义“唯资本”“唯

---

① 吴芝颖：《现代性理论视域下“凡尔赛文学”异托邦的狂欢建构》，《新媒体研究》2021 年第 12 期。

② 薛鹏：《斩断娱乐圈乱象背后的资本链条》，《中国纪检监察报》2021 年 8 月 31 日第 4 版。

流量”的畸形生存模式大肆扩张，“防范大众网络娱乐生活被资本逻辑‘劫持’”①。一些网红无底线、无节操的炒作，助长了网上庸俗、低俗、媚俗的风气。形形色色的网红在迅速提升知名度后，不少人缺乏文化使命感，商品拜物教和消费主义观念挥之不去，商业利益和话语权力成为主要的追求目标，新媒体领域也被人们视为一个大的名利场，“资本的‘肆意横行’与文化的‘边界守护’是横亘在人们面前的一道难题”②。当社会责任与商业利益发生冲突时，前者往往成了牺牲品，这在“饭圈”文化中表现得很突出，贯穿其中的是一种纯粹的商业价值观。

我们不能听任劣迹网红带歪社会风气，不能让乌烟瘴气的内容抢占人们的注意力。有关部门要加大对违法失德网红的惩处力度，防止流量至上、拜金主义等畸形价值观和泛娱乐主义、造星炒星等不良倾向蔓延。对于淫秽色情、凶杀暴力以及宣扬历史虚无主义等方面的网络有害不良信息，则必须“发扬斗争精神、锤炼斗争意志，聚焦重点难点、狠抓专项整治”，坚持不懈“清理涉黄涉非等有害信息和有悖社会主义核心价值观的网络内容”③，使社会文化环境更加风清气正。

网红本质上是一个中性词，“红”只是表明一种状态，它可以是另类的、“非主流”的蹿红，也可以是社会共识、多数人利益的主流言说和正面榜样示范。新媒体圆了很多草根的明星梦，正能量网红才是数字社会真正受欢迎的偶像。网红的活动是在一个复合、动态的环境中进行，合理的引领与调控是必要的，完全的自由、随心所欲的状态并不存在。

由于各种资源加速向互联网主阵地汇聚，我们时代需要大批传播社会主义核心价值观、净化新媒体生态的主流网红，让昂扬的主旋律成为铿锵的时代强音。主流网红的共性，归结起来主要是四个方面：一是校准价值航标，大力弘扬社会主义核心价值观；二是平衡利益关系，坚守社会效益优先原则，

---

① 张恂、吕立志：《祛魅与消解：网络泛娱乐主义的资本逻辑批判》，《思想教育研究》2020 年第 6 期。

② 刘旺旺、俞良早：《资本逻辑视域下社会主义文化边界的守护》，《思想政治教育研究》2017 年第 6 期。

③ 张贺：《举旗亮剑　激浊扬清——2021 年“扫黄打非”工作综述》，《人民日报》2022 年 1 月 11 日第 7 版。

秉持“义在利先”；三是提升专业水准，熟悉新媒体传播规律，发挥舆论引导功能；四是强化自律能力，避免触犯道德或法律红线而声名扫地。

主流网红意味着以身作则、向上向善，也即对其责任有着清醒认识，以实现其社会角色的再定位，推进数字时代大众的精神认同，凝聚各方力量，“推动网上网下同心圆中的主体更加统一，网络空间与物理空间深度融合”①，使全体人民在理想信念、奋斗目标、价值理念上紧紧团结在一起。在数字化生存日益成为现实的今天，以社会主义核心价值观为指南，有助于网红发展不偏离正确的轨道，把握好时代前进的方向。

未来已来，前景光明。在尊重差异性和丰富性的基础上，主流网红应该承担起自己的社会责任，积极参与网络文明建设，使文化的力量与市场的力量、政府的力量朝相同的方向汇聚，营造清朗网络空间，以创意理念、品质内容和融合平台不断提升主流价值传播力，用高品质创意内容潜移默化地影响受众，发挥文化的凝聚力功能，形成共同体意识，促进人的自由全面发展，追寻健全美好的人性，既让互联网多元和谐、规范有序，又使创新的源泉充分涌流。

---

① 中国网络空间研究院：《加强数字化发展治理 推进数字中国建设》，《人民日报》2022年2月15日第7版。

后 记

每个时代有每个时代的潮流、典范，网红时尚是数字时代大众文化演进产生的热点现象。新媒体平台上各种创新创意不断涌现，不同行业、不同身份和不同年龄的各种人物在网上竞相走红，形成各领风骚的热闹场景，令人眼花缭乱。

网络上的个性化表达众声喧哗、多元芜杂，网红的来源复杂、素质参差不齐。一炮而红、批量生产的网络名人来势迅猛，其中许多人过气也很快，不过是喧嚣一时。网红新老迭代，网络文化加速变革，淘尽黄沙始见金，那些以丑为美、见利忘义、欺世盗名的负面网红必然会被淘汰，最终成为笑料。

风物长宜放眼量，优胜劣汰是自然界、现实社会和虚拟世界中一项基本法则，网红现象也不例外。做人先立德，网红要从“名人”转换为“高人”，立德是关键。走出混沌和乱象，拒绝低俗、庸俗、媚俗，讲格调、讲品位、讲责任，汇入主流文化的大潮，网红才能不断开辟可持续发展之路。

不畏浮云遮望眼，唯愿可攀更高峰。主流网红扬帆时代风口，敏锐地把握数字社会和谐发展的风向标，注重立德、养德、扬德，追求真善美，传递时代的正能量，勇立潮头显担当，体现出强大的内生动力和精神内核。

本书的完成，有赖于暨南大学“融合新闻报道”课程师生团队的互动和协作。作为研究性教学的一种探索，“融合新闻报道”的主讲人陈伟军教授拟定了本书的提纲，选修该课程的研究生围绕提纲确定分工、搜集资料，将融合新闻学原理与相关学科知识运用到主流网红专题研究之中，从而有了本书这一集体思考的结晶。全书初稿完成后，陈伟军教授对各章进行了统稿、修改、调整和增删。在团队的组织与协调方面，黄晴配合做了不少工作。本书各章的编写人员如下：

引言、结语：陈伟军；

第一章：徐维岭、吴姝娴、江帅、魏雨柯、蔡妍妍；

第二章：赵春梅、舒树满、田鑫、高艺、陈倩；

第三章：吴家渝、赵怀远、韩文齐、陈雪、钟艺；

第四章：方苏、胡慧旻、胡可、马莉、沈予嘉；

第五章：黄婷、彭淑茵、黄鹰、纪瑶、杨咏文；

第六章：吴旋娜、赵爽、李宁馨、陈琳、杨紫薇；

第七章：吴思、唐明真、黄晴、郝建琛、郑艺晗；

第八章：付潇仪、鞠倩玲、曾苑彤、李晓艺、邱倩文。

社会文化语境和媒介生态不断变化，打造主流网红是一个新的课题，本书研究者在这里呈现的只是一些不成熟的探讨。金无足赤，言不尽意，本书作为教学和科研结合的一种探索，其缺陷在所难免，恳请读者批评指正。

本书编写组

2022 年 6 月